LE TRAJET PARALLÈLE

Isabelle Bernier

LE TRAJET PARALLÈLE

Récits de course et billets de vie

Dépôt légal :
Bibliothèque Nationale du Québec, janvier 2021
ISBN : 978-2-9819674-0-4
Orford, Québec, Canada

isabellebernierconnexion@gmail.com

instagram.com/isabellebernierdehors
facebook.com/isabellebernierconnexion
linktr.ee/isabellebernierdehors

Infographie : Dominic Dubuc
Photo de page couverture : Anne Le Mat
Photo vignette : Nicolas Fréret

À toutes les perles qui sont encore cachées dans un coquillage. Pour qu'elles puissent rayonner d'océans en montagnes, en conservant leur ancrage, à tous les coins du monde.

À Arielle et Izna, aujourd'hui et tous les demain

TABLE DES MATIÈRES

PRÉFACE

Lorsque j'ai rencontré Isabelle, c'était pour l'introduire à un club de course en sentier (trail). J'ai senti une femme, timide, intravertie, presque délicate. Ma première impression était du genre « elle ne le fera pas. » Pourtant, six mois plus tard, le temps de s'installer et d'installer sa famille, la voici qui réapparaît dans mon univers et dans l'univers de la course de trail, un univers de nature, de montées et de descentes, de courbes et de lignes droites, de jeux d'ombre et de lumière. Un univers d'endurance et de détermination. Un univers qui ressemble en tous points à Isabelle.

Aujourd'hui, force est de constater que son âme et sa plume révèlent une détermination féroce à comprendre la nature ET la nature humaine. Aujourd'hui, je la sais aventurière, citoyenne du monde, poète, écrivaine, peintre, drôle, charmante. Sa grande sensibilité lui donne ce pouvoir de voir plus loin que l'image perçue et de créer, à partir de cette image ou du sujet, une histoire parallèle. Une histoire qui touche.

Au premier abord, Isabelle semble être retirée du monde. C'est tout le contraire. Elle appartient au monde. Elle le vit. Elle l'apprivoise. Elle le crée avec son âme et avec sa plume.

Son écriture est unique, franche et poétique. Elle raconte l'histoire et la sensation de l'histoire.

Laissez-vous inspirer pour vous amener au cœur de votre propre histoire.

Chantale Belhumeur
www.sainementrebelle.com

« Lorsque tu décideras de faire le pas vers l'extraordinaire, tu auras à laisser aller certaines choses. Et lorsque tes yeux croiseront ceux de l'exemple que tu es en train de devenir, tout d'un coup, tu ne demanderas plus la permission. Tu ne te poseras plus la question « Est-ce que je fais partie de cette histoire? » et tu réaliseras que tu es l'auteur de l'histoire. Ton ordinaire avec extra, ton extraordinaire, est ton histoire. »

Lisa Nichols

AVANT-PROPOS

Le printemps vient tout juste de montrer le bout des doigts chez nous et pourtant, on dirait qu'il s'en passe tellement plus. Non pas que le changement de saison se présente comme quelque chose de mineur, mais simplement qu'on se retrouve, à maints égards, plongés dans une piscine bien creusée dans le carré de chacun, chacune. Une piscine de laquelle on peut sortir en prenant l'échelle de l'arc-en-ciel, convaincus que « ça va bien aller. »

C'est l'image qui me vient en tête lorsque je pense à la situation actuelle. L'eau de la piscine est chaude et il y fait bon. C'est un privilège que de s'octroyer le temps d'en profiter et de savoir qu'on peut compter sur un pont de lumière (l'arc-en-ciel) pour en ressortir.

Il existe, à tous les temps, tant de moments qui ne semblent pas faciles à vivre, tant d'épreuves à traverser, de défis qu'on peut réaliser pour se dépasser. Ces défis qui naissent de l'intérieur, au coeur de ce que l'on est, avec lesquels on naît, chaque fois, un peu plus à nous-mêmes.

Alors que dehors on parle de crise et que les gens s'isolent, j'ai le sentiment, très grand, que ce qu'on me demande revient à me connecter avec celle que je suis vraiment. À prendre le temps de réévaluer mes priorités, mes valeurs et ce que je souhaite partager au Monde. Le geste créatif puise dans ces moments où l'on se sent investis de quelque chose de bien plus grand que soi, où l'on ne peut expliquer tout ce qui se produit, ce qui évolue et ce qui nous anime. Chacun trouve sa façon de transposer la richesse de ce langage pour y faire écho dans l'Univers.

J'ai choisi de communiquer. J'ai choisi la course.

Pour que les mots deviennent des ponts qui nous permettent encore de parcourir le monde à plume et à pied.

INTRODUCTION

Enfant, je rêvais de voyage et d'évasion. Je me souviens avoir fait mes valises plus d'une fois, prête à partir à pied là où le monde me semblerait tourner. À trois ans, je m'évadais en tricycle et on me retrouvait dans un quartier voisin du nôtre. À neuf ans, je quittais la maison à pied pour fuir à ma gardienne; je voulais découvrir la vie.

D'année en année, ma famille et moi adoptions une nouvelle résidence, une nouvelle ville, une autre région. À dix ans, mes yeux s'ouvraient sur Fria, en Guinée Conakry. De fil en aiguille, nous avons navigué vers la capitale, Conakry, puis brièvement au Maroc, avant d'atterrir au Québec. Les études secondaires ont trouvé leur envol en même temps qu'une porte ouverte sur les cadets de l'armée, puis une autre sur un quotidien se démantelant tranquillement.

M'impliquer à l'école, m'investir dans les activités des cadets, répondre à toute invitation susceptible de me permettre d'apprendre et de m'éloigner un peu s'est imposé comme un réflexe. Comme une bouée de sauvetage. J'y ai nourri ma passion pour la nature et le plein air, pour la créativité, pour la vie. J'ai trouvé une famille auprès de plusieurs amis côtoyés au sein du corps de cadets, ce qui m'encourageait à repousser mes limites et à faire face aux peurs qui poussaient ici et là. La discipline se trouvait au centre de nos activités, aussi, je crois que c'est un outil qui m'a permis de persévérer pour traverser les périodes sombres.

À la maison, prendre soin de soi et aller chercher de l'aide ne faisaient pas partie de la routine. Je cherche encore dans ma mémoire les traces de moments empreints de bonheur. Parallèlement, une quête constante d'occupations propres à tout meubler affûtait mon désir de trouver ce lieu où l'on se sent bien. Je me suis souvent demandé quel était le visage du bonheur...

J'avais deux parents, un frère et une soeur. Ainsi, nous étions cinq, sur la ligne du temps, à chercher un chemin éclairé. Cinq à prendre le départ, jour après jour. À faire des choix et à emprunter des trajectoires différentes. En direction de mille possibles, nous nous sommes perdus. Mais je sais que nous nous aimions, malgré tout. Et c'est un peu de cet amour que j'ai choisi de transporter. De transposer. Au-dedans comme au-dehors.

Je n'ai pas toujours su discerner ce qui m'a tenue ici, mais je sais que chacune des expériences vécues constitue le fondement de celle que je suis devenue. D'un voyage dans les affres de l'anorexie, s'étendant sur une douzaine d'années, en passant par les chocs reliés aux moments difficiles vécus par les membres de ma famille, ayant un impact considérable sur nos quotidiens, j'ai appris à me connaître. J'ai côtoyé la dépression, les tentatives de suicide, le passage à l'acte, les abus, les séparations, les relocalisations, etc. avec un instinct de survie que je ne m'explique pas tout à fait.

À ce propos, je me rappelle, ponctuellement, que demain, nous incarnerons une nouvelle version de nous-mêmes. Nous ne savons pas toujours de quoi sera fait cet autre espace. Parce qu'on ne peut pas tout expliquer, pas plus qu'on ne peut tout prévoir. On pose des hypothèses. On fait acte de foi. Et on se concentre sur ce qui nous interpelle davantage.

« *Comment passes-tu à autre chose? Tu passes à autre* *chose lorsque ton coeur comprend qu'il n'y a pas de* *point de retour.* »

~ J. R. R. Tolkien ~

Instinctivement, je crois que c'est ce qui m'a guidée. Le fait de ne pas pouvoir revenir en arrière implique que la seule façon de faire « bouger les choses » est d'aller de l'avant. L'impression d'avancer en clopinant, un peu débalancée, les yeux hagards m'a souvent visitée. Je me suis d'ailleurs demandé comment on pouvait franchir des obstacles qui nous paraissent insurmontables, comment il pouvait être possible de me souvenir vraiment de celle que je suis. D'en prendre soin. J'ai cherché maintes façons d'y parvenir et pourtant, je n'ai pas réussi à toutes les appliquer. Parce que le temps va vite. Parce qu'il m'arrive de me sentir surchargée. Parce que, parce que... la liste est longue.

J'ai voulu trouver une recette, une façon de fonctionner qui soit parfaite et qui puisse nous permettre de palier à tout imprévu, à toute épreuve. C'est une démarche intéressante : elle induit une réflexion et elle permet de mettre à profit sa créativité, cependant, elle n'a pas réponse à tout. L'ouverture, c'est peut-être simplement de se permettre d'agir avec spontanéité.

Je cours pour que le printemps revienne. Plusieurs d'entre nous partiront, au fil du temps, et en des circonstances variées. La Terre, elle restera; elle vivra encore et continuera d'alimenter la vie. Plus forte que nous. Toujours présente.

Je cours pour que le printemps revienne. J'ai la conviction qu'on ne peut qu'y aller un moment à la fois, malgré toutes les prévisions, toutes les anticipations possibles. La nature poursuit son cycle. J'espère que nous poursuivrons le nôtre.

Je cours pour que le printemps revienne et qu'il invite l'été au fil des jours, au fil des pas. Pour que la douceur s'éveille encore et pour que j'apprenne, davantage, à me faire confiance.

Je cours parce que les saisons n'auront de cesse de se relayer et que c'est, en soi, une inspiration. À même ma réalité, de celle de mes proches, des gens que nous côtoyons comme de ceux que je ne connais pas encore, le changement opère. La seule vraie stabilité pourrait être la force que cette planète déploie pour que nous puissions continuer de fouler son sol. Comme la rivière. Comme ses rapides.

Billet

| Sur une crête étroite

> « On peut découvrir en soi, et autour de soi, les
> moyens qui permettent de revenir à la vie et d'aller de
> l'avant tout en gardant la mémoire de sa blessure. Les
> chemins de vie se situent sur une crête étroite, entre
> toutes les formes de vulnérabilité. Être invulnérable
> voudrait dire impossible à blesser. La seule protection
> consiste à éviter les chocs qui détruisent autant qu'à
> éviter de trop s'en protéger. »
>
> ~ Boris Cyrulnik ~

Les passants baissent les yeux, le visage figé, les lèvres neutres. J'ai croisé, en pleine forêt, une ou deux grandes familles et des amis bien distancés. Nous n'habitons pas à proximité de la ville, mais la tension se fait sentir. L'air, pourtant vivifiant, ne semble toucher les peaux qu'avec un peu de recul, alors que le temps passe.

On respire parce que les minutes sont précieuses. Parce qu'on a un moment et une santé pour faire un tour, entre deux soubre-sauts de travail ou de connexion internet. Je pense à tous ces gens qui ont vécu une grande partie de leur vie (peut-être leur vie en-tière) dans l'isolement, la solitude, la souffrance, la maladie, avec le stress, l'anxiété et/ou dans la peur. Il y en a pour qui cette réalité n'a rien de nouveau quant aux sensations qu'elle éveille. Quant à ce qu'elle soulève. Pour certains, c'est un choc. Comme un marteau qui s'affaisse alors qu'on ne l'avait pas prévu. Comme un arbre qui s'effrite quand on le croyait presque immortel. Le mouvement de masse amplifie la situation, pour le meilleur et pour le pire...

En période d'incertitude, on se demande comment concevoir le fait de demeurer plongé dans ce genre de situation de façon indéterminée. Comment y entrer et en ressortir? On peut toujours s'évader, ne serait-ce que par la pensée, avec la force de l'esprit (ce qu'on appelle « le mental »). En profiter, surtout, pour cultiver la paix. Pour soi. En soi. Peut-être éveiller l'équilibre alors qu'il peut sembler, à prime abord, brisé. Il existe des peuplades de réflexions qui effleurent, qui visitent, qui transpercent.

On s'observe, à distance.

On nidifie.

On cultive l'espérance.

Et, dans la foulée, on commence à parler de solidarité.

Ici, maintenant, dans quelques mois, dans quelques années aussi, je l'espère. Parce qu'on a tous besoin de ces regards remplis d'ouverture, de franchise et de volonté d'aider l'autre, de contribuer, de grandir.

Entre les deux, je me suis fait la promesse, au gré de mes allers-retours au travail et des bourrées d'oxygénation au grand air, de continuer à sourire à ceux et à celles dont le regard croisera le mien. Enfin, s'il advenait que la routine me confine au hameau familial, je ferai de mon mieux pour faire naviguer les sourires sur les fils invisibles. Pour moi, pour nous. Histoire qu'on se voit un peu, en vrai ou en ondes.

Inner peace

L'HYDRATATION ET L'ALIMENTATION

« Nous ne voyons pas les choses comme elles sont.
Nous les observons telles que nous sommes. »

~ Anaïs Nin ~

LA PETITE HISTOIRE

Mémoires d'enfance...

Ma mère préparait sa carafe de café, tous les matins, avec sa cigarette. Son régime est un peu différent, ces jours-ci : du café, une tartine et des heures de rien, rien avec des cigarettes. Elle en essaie de toutes sortes, de ces régimes, mais je ne sais pas trop de quoi il retourne. Elle aime le poulet. Pour les occasions spéciales. Moi, j'aime la salade et le chocolat. En nettoyant la vaisselle, avec mon frère et ma soeur, je vois les assiettes, les verres et les ustensiles défiler de plus en plus vite. Bientôt, il ne reste que le cendrier, encore plein. Je me demande si un jour j'aimerai le café et les cigarettes...

Quand je regarde mes cuisses, je me dis qu'elles sont bien trop grosses... Assise, j'ai l'impression que les quarante degrés, à l'ombre, les rendent, de surcroît, molles et je n'en suis pas fière.

En classe, j'ai pris le parti de me placer de façon à ce que les autres ne me voient pas. Je me glisse sur ma chaise et je fais profil bas en me disant que ça fonctionnera. C'est illusoire, mais j'essaie. Ma peau est moite et j'ai l'impression que ces parties de moi qui touchent à la chaise y seront collées pour toujours. Je me sens tiraillée entre le goût de l'aventure et le mal être qui pousse dans mon ventre, trouvant écho dans mon plexus, dans ma tête. Je me sens toute petite et pourtant, quoi que je fasse, il me semble être toujours trop visible. J'ai envie de disparaître, par moments, parce qu'être moi-même me semble trop inconfortable. Parce qu'on pourrait me voir. Et que c'est risqué. J'en suis convaincue. Avoir onze ans, pour moi, est signe que je me rapproche de l'âge adulte. Je n'ai d'autre conception de l'adolescence que ce moment où il nous faudra faire tremplin. Hantée par une sensation de différence, je ne me vois pas grandir, avoir des enfants et surtout pas vivre une grossesse! Dans une Guinée au coeur d'Afrique, je conçois déjà le corps comme un morceau de souffrance avec lequel il sera bien difficile de composer.

L'Afrique s'effritée, un jour, dans nos quotidiens. Ma famille reprend alors, en deux équipes, le chemin du retour au Québec. Ma mère et ma soeur sont rentrées quelques semaines avant nous – mon frère, mon père et moi. En prenant l'avion pour le Maroc, celui qui nous conduit au Canada, le vide jongle avec le plein : des émotions cachées dans mon estomac noué, des pieds qui ont hâte de toucher la terre, des yeux qui veulent découvrir encore et un coeur qui éprouve une peur, un peu, quant à la suite. Le Québec m'ouvre la porte sur l'école secondaire, sur une autre forme de quête : l'équilibre. Je ne comprends pas comment il peut être possible de me sentir à l'aise dans mon corps. Tout ce qui me parait nouveau peut être synonyme d'évasion, d'inspiration, pour m'accrocher. L'école, les cadets, la nature, le sport, la créativité; tous les bateaux me semblent propices à naviguer. Si je me tiens occupée, le reste finira bien par passer.

Devenir adulte

Être adulte, chez nous, c'est franchir la ligne d'une dix-huitième année d'existence. Être adulte, chez nous, c'est devenir officiellement responsable de moi-même, du malaise, de ce plongeon, le corps affamé, dans le bassin de l'anorexie. Je n'aime toujours pas mes cuisses. J'ai soixante-quinze livres à porter avec l'entraînement, les études, les biscuits à thé et les Mr Freeze, les seuls complices auxquels j'accepte d'ouvrir mon estomac sans broncher. Soixante-quinze livres, un gymnase, un vélo, une rame et des pieds qui courent pour me tenir bien éloignée du cent quarante livres que l'on aimerait bien que j'atteigne.

Je veux faire plus. Je veux faire mieux et me couper de la souffrance du quotidien. Je veux aller plus loin, plus longtemps. Comme une junkie, je cherche un summum, un sommet que je ne peux pas atteindre. J'ai le sentiment qu'en gérant chacun des éléments dont je me nourris et m'abreuve, tout en maintenant un effort physique soutenu, je serai en mesure d'épurer assez ma réalité pour me sentir renouvelée. Pour réussir. J'embrasse l'anorexie comme une expérience salutaire.

Chemin faisant, la santé égarée, mon frère et ma soeur disparaissent, deux conjoints se transposent en « ex », le sentiment de sécurité et de confiance se sont endormis et s'ajoutent à ces moments où j'ai failli perdre mes deux enfants avant même d'avoir vu leurs yeux s'ouvrir sur la vie. Comme une junkie, j'ai, plusieurs fois, la sensation de perdre mes parents (au sens littéral comme figuré).

Comme une junkie, enfin, je me suis perdue moi-même et je ne sais pas par où commencer. Je ne sais plus boire, manger et respirer la vie. Je ne sais plus donner et recevoir...

LE PARALLÈLE

Les bases de la vie sont présentées dans la pyramide de Maslow. Manger et boire font partie des besoins physiologiques qui nous sont essentiels. Les cultures, les croyances et les situations géopolitiques peuvent exercer leur influence sur ces dimensions. Mais il n'en reste pas moins que, peu importe où l'on se situe, quelle que soit la place occupée par l'activité et le mouvement dans nos vies, c'est un incontournable.

En course à pied, les idées, les théories, les hypothèses se font de plus en plus nombreuses, tout comme les produits qui nous sont offerts. Je n'ai pas encore trouvé de recette qui puisse être unique et se voir préservée en toutes circonstances puisque j'estime être en constante adaptation, qu'il s'agisse de mes choix de course, d'aventure, de terrain, de saison, sans omettre les variables supplémentaires ainsi que les impondérables. J'ai bien quelques préférences, mais certaines expériences m'ont démontré que malgré les habitudes de consommation, malgré la préparation à l'entraînement, il arrive que le plan établi ne fonctionne pas au mieux. Et parfois, c'est un échec. J'en retire chaque fois un apprentissage et je m'en sers pour la suite.

Pour tout un chacun, la planification varie, d'autant plus que les conditions des gens, leurs caractéristiques physiques comme celles qui appartiennent à d'autres sphères ne sont pas uniformes. J'aime bien à dire que nous nous inspirons les uns des autres. En faisant des essais, en concoctant nos propres recettes, nos combinaisons, en communiquant avec d'autres, nous dessinons le schéma fonctionnel qui sera le nôtre. Cela fait partie de la stratégie. Et une stratégie compte, enfin, souvent plus d'une alternative.

Billet

| *Entre routes et sentiers...*

Quand le regard va loin

Si tu cours, prends le temps de lire ces mots avec la lunette d'un coureur. Si tu marches, fais-en de même avec l'esprit du marcheur. Si tu ne te sens pas sportif, abordes-le avec l'idée de tes occupations en tête. Et enfin, si tu pratiques d'autres disciplines, apposes-y en le sceau au cours de ta lecture. Ces pensées s'appliquent en de multiples contextes, chacune à leur façon.

Ce qu'on fait, ce qu'on partage et parfois même ce que l'on croit garder pour soi peuvent avoir une portée. On sous-estime souvent l'ampleur et la résonance que peuvent avoir nos actes, nos gestes... ce que nous sommes et que nous présentons au monde.

J'ai vu passer, dans les derniers jours, de nombreux jeunes et moins jeunes qui ont, chacun à leur façon, relevé un défi. J'en ai entendu parler dans l'actualité, dans le nid de mes lectures, par le biais de mes collègues, de mes élèves, de mes enfants. À la course comme à la vie, la Terre tremble, souvent, de joie, d'amour et de peur. De sourires, de fatigue, d'excitation, de tristesse et de colère. C'est l'encore dont on s'imprègne et qui marque nos réalités, ici et là.

La saison de course est entamée et elle te porte, elle me porte, elle nous transporte vers l'été. J'ai toujours ce frisson, un peu fébrile, à l'approche de nouveaux défis. Je me sens fatiguée en ce moment et pourtant, je me plais à penser à tous ces chemins qu'il est possible de tracer en forêt, en bordure de sentier et sur le long des routes, quelquefois. Parce qu'on évolue dans un espace diversifié. Parce qu'il y a tellement de couleurs et de possibilités qu'une journée semble bien courte pour explorer tout ce que le paysage peut offrir. Des points de vue, des plans, des cachettes, des soubresauts saisonniers, des airs de paix et de tumulte qui s'entremêlent aux différentes heures de la journée.

Il y a toujours de quoi s'activer. Comme ces espaces où l'on a l'opportunité de choisir de se poser. En courant. En marchant. En créant. En parlant... ou en silence. En devenant celui ou celle que l'on choisit d'incarner.

C'est à toi de choisir; tes enjeux, tes défis, tes apports, ce que tu donnes et ce que tu reçois. Tu es celui qui trace, qui voit, le vecteur, le noyau. Même quand la fatigue t'emporte. Même quand la tête se fait lourde. Quand tu doutes. Quand tu t'émerveilles aussi, ici et là. Que ça dure deux secondes, deux minutes ou deux mois, c'est à prendre. Parce que ça fait bouger les choses. Parce que tu déplaces de l'air. Parce que tu vas y arriver. Un jour ou l'autre.

Courir en forêt, c'est...

...Avoir quelqu'un devant ou derrière soi et ne pas toujours savoir où l'on en est.

...Partager un sentier, une mince piste, un air de saison en sentant parfois que le souffle se fait court.

...Trouver le pont, le point, le vide en naviguant dans ses pensées et refaire le point, le pont, le vide en rencontrant d'autres coureurs.

...Aller de l'avant parce que c'est ce que l'on peut faire de mieux, même quand on se sent un peu perdu.

...Trouver les ressources pour continuer quand on a l'impression qu'on pourrait abandonner.

...Se rappeler qu'il y a toujours, quelque part, un ravitaillement, un petit coin pour prendre une pause, pour souffler autrement, juste un peu.

...Qu'il y aura aussi, quelque part, une source d'eau ou une douche ou une fluidité, dans la progression, à la fin du trajet ou encore un peu plus loin.

...Qu'il n'y a jamais qu'une seule façon de gravir les montagnes, qu'elles soient physiquement présentes ou alors créées par notre pensée, en regard de ce que l'on vit, de ce qui nous attend.

...Se souvenir enfin que, même s'il y a des barrières horaire (*cut off*), on peut toujours faire son bout, comme on dit.

...Il y en aura toujours d'autres en avant, au même endroit, sur un terrain semblable, et en arrière. Même quand on ne s'en rend pas compte. Toi, tu te trouves là, quelque part, l'autre aussi, comme moi d'ailleurs.

...Il nous arrive de penser qu'on est seul. Ça peut être vrai. Pourtant, on finit toujours par croiser quelqu'un, qu'il s'agisse de son ombre, de son pas, de son regard, de son rythme et du son qui l'accompagne. Il faut juste tendre l'oreille et ouvrir les yeux. Particulièrement quand on court à perdre haleine ou qu'on est à l'arrêt. Deux états. Deux esprits. Un équilibre.

L'ENDURANCE

« Tu ne devrais pas te sentir petit en te comparant
aux autres, mais plutôt te sentir petit en te mesurant
à tes objectifs. La mesure du succès n'est pas reliée à
un nombre. Elle est reliée à la profondeur. La question
est donc la suivante : jusqu'où t'es-tu rendu ? »

~ Jay Shetty ~

LA PETITE HISTOIRE

J'ai mal aux pieds...

En transportant une brouette remplie de terre tassée avec de l'eau,
pour construire ma maison, j'ai rencontré un obstacle et mon char-
gement s'est déversé sur mon pied droit. À cinq ans bien sonnés,
je viens de réaliser que certaines cargaisons sont parfois un peu
lourdes. Ma jambe droite ne bouge plus parce que mon pied semble
figé dans le mélange de ciment – la terre et l'eau – que j'avais préparé
pour ma construction. On dirait que quelqu'un cogne dans mon pied
pour que j'ouvre la porte de mon ciment. Le front humide, les mains
moites, je m'assois au sol. Au loin, j'entends ma mère qui m'appelle
et j'observe sa mimique en constatant que je ne marche pas dans
sa direction. Mon projet d'élaboration de maison risque de s'avérer
plus complexe que prévu. J'aurai besoin de temps, de patience et d'un
plâtre apparemment...

À l'été de mes quinze ans, un autobus me conduit dans la région de Cap Chat, où j'aurai l'opportunité de passer six semaines en compagnie de jeunes canadiens fervents de plein air, mais aussi investis dans le corps de cadets de leurs localités respectives. Je me suis enrôlée avec le désir d'apprendre, de m'éloigner de la maison familiale, par soucis d'autonomie, d'indépendance, mais aussi parce que j'ai découvert que ces aventures me procurent une sensation de sécurité. Notre routine implique des sorties sportives, des cours théoriques et pratiques, une parade militaire, des tâches communes, une discipline qui me met au défi et qui offre une voix à une volonté à laquelle je tiens. Manger des repas en ration, attendre avec impatience un dessert sucré, marcher pendant des jours, au soleil, en forêt, en transportant notre matériel d'expédition fatiguent la plupart d'entre nous. Curieusement, ma respiration est calme et les environs me fascinent. Mes épaules souffrent un peu, bien sûr, mais j'ai la sensation de vivre dans un état semblable à la relaxation, malgré l'effort continu. Au petit matin, en bordure d'un sentier, alors que la presque totalité du peloton a retiré ses chaussettes en signe d'épuisement, je m'assois calmement et je discute avec quelques-uns de mes collègues. Dans mes bottines, je sens bien que mes pieds sont plus volumineux qu'à l'habitude, mais je n'éprouve pour seul inconfort que le fait d'avoir envie de continuer alors que la majorité des membres de mon groupe semble en avoir plus qu'assez. J'ai mal aux pieds, mais je me sens à ma place, en forêt...

À mes dix-huit ans, j'alterne les journées et les soirées d'école avec des nuits de travail au bar. Les temps libres sont consacrés à l'entraînement en course à pied, en vélo ou en rabaska. Je me demande parfois où et comment dormir, mais je ne dispose pas tellement de temps pour y réfléchir, alors il m'arrive de sombrer, abruptement, à mon pupitre pendant les cours de méthodes quantitative ou de biologie — au grand déplaisir de mes enseignants, ceux qui se donnent le lendemain des nuits de travail. Mes pieds me portent à chacun des endroits où je me précipite. J'en perds quelques ongles d'orteil au passage, lorsque j'entre en collision avec une tablette ou un obstacle, mais je ne m'arrête pas pour autant. Ainsi, les pieds pour courir et pour rouler trouvent le chemin de la danse, puis de l'escalade. Ce que je ressens ne me préoccupe pas; en activité, la douleur semble planer autour de mon corps, mais elle demeure abstraite : elle en est dissociée. Je me suis dissociée...

J'ai mal aux pieds, mais il me faudra quelques années en vue de réintégrer cette conception de la douleur. Alors que je parcours l'Inde dans toutes les directions, armée de mon sac à dos et de sandales de marche, j'entreprends ce qui s'apparente, probablement, à un pèlerinage. Mon corps et moi faisons deux et c'est dans cet état que je rejoins Dharamsala pour serrer la main et recevoir la bénédiction du Dalaï-Lama, puis Pondichéry, où je loge temporairement à l'Ashram de feu Sai Baba. Les paysages indiens, à l'image de sa population, se présentent comme mille tableaux différents. Chaque région me saisit par son unicité. Je m'y sens chez moi. Les couleurs, l'encens, les marchés aux arômes envoutantes, la saison des pluies, la cuisine typique et les zones où peu de gens s'aventurent nourrissent mon appétit pour l'inexploré. La spiritualité fait partie du quotidien et même là où l'on ne trouve que du riz et du chaï, elle ne semble pas remise en question. Peu à peu, je découvre que mes pieds m'appartiennent encore.

Renouer en dansant pendant des heures, les pieds recouverts de sable, de boue et d'eau. Renouer avec la marche, puis avec la course en poussant mes enfants dans leur chariot. Renouer avec l'aventure en traversant, à nouveau, des frontières à pied, à plume.

Renouer avec ces pieds qui m'ont portée pendant quelques décennies, ultime trace d'endurance, alors que je n'en prenais pas vraiment soin.

Je souris en pensant au fait que l'endurance est une histoire de pieds et d'ancrage, ici. Ce petit quelque chose qui me ramène au premier maillon de connexion avec la terre. Mais c'est aussi, à mes yeux, un esprit. Cet esprit, allié avec celui de la nature, la volonté de tracer un autre chemin et de parvenir à communiquer ce qui, peut-être, a fait silence si longtemps. Ces éléments m'ont certainement aidée à sculpter une propension à l'endurance, une compréhension de la résilience. Développer cette endurance, c'est me développer en profondeur, à la recherche, toujours, du sens... au sens profond.

LE PARALLÈLE

Lorsqu'on parle de longue distance — l'ultramarathon — on aborde, inévitablement, cette dimension qu'est celle de l'endurance. J'ai tendance à croire qu'elle n'émerge pas que de nos expériences sur les parcours de course et d'aventure, mais bien de l'ensemble de ce qui se vit au quotidien. Ce que j'applique lors de mes entraînements peut donc se présenter comme un exercice prompt à reprendre des sensations, des notions, des expériences que j'ai encore en mémoire ou, peut-être, que mon inconscient a enregistrées, pour donner un élan, une force au défi. Ce que j'applique dans ma vie de tous les jours m'est également utile parce que chaque geste, chaque choix peut valoir son pesant d'or et apporter plus qu'on ne le croit.

Dans ce cas, non seulement parle-t-on de la valeur d'un effort qui se transpose, mais aussi de processus. Nous avons l'habitude de prendre en compte le résultat de nos actions. De considérer ce qui est accompli une fois qu'on a franchi toutes les étapes d'un parcours, comme ces moments, lors d'une course, où l'on met le pied sur le fil d'arrivée. Comme l'instant où l'on sent qu'une oeuvre est achevée et qu'il est temps de la présenter au public. C'est un indicateur global de ce que nous avons accompli et il se transpose sur un tableau, une affiche ou enfin, une plateforme vouée à exposer l'information. Il s'avère ainsi possible de la répertorier, de l'analyser, d'en faire un souvenir. Or, l'ensemble de ce qui nous mène à bon port fait partie de l'aventure. Chacun des pas que l'on pose, à l'image de l'iceberg dont on ne voit que la pointe, est important. Une simple décision peut influencer l'ensemble du processus, le transformer, signaler d'autres voies, d'autres opportunités et parfois même un report. Considérer chacun de ces passages est une richesse en soi. C'est ce qui teinte nos expériences, qui nous fait apprendre, grandir et souhaiter, peut-être, en vivre d'autres à cette image ou encore les éviter ultérieurement.

Je crois qu'une histoire d'endurance ne se résume pas aux forces physique et mentale. L'endurance est un tout. À l'instar du corps humain, lequel fonctionne grâce au squelette, aux muscles, aux nerfs, aux organes, à son enveloppe et dont ces composantes s'allient en vue de générer une forme de vie qui évolue de jour en jour, l'endurance habite un lot de facteurs, d'expériences et de facultés qui se joignent les uns aux autres afin de nous permettre d'aller un peu plus loin, autrement. Faire preuve d'endurance en période d'activité physique intense et prolongée comme lors d'un ultra, c'est, instinctivement, se relier à ce que nous sommes dans les plus petits détails comme en globalité. Et, de surcroit, accepter qu'il y a plus grand que soi, que nous ne parvenons pas à tout expliquer. Lorsque nous plongeons à même un parcours, une aventure, tôt ou tard, on s'y trouve confrontés.

Billet

| *Défi Everest en solo, Orford*

*Gravir une montagne, c'est semer des poussières dans
le sillon des cailloux millénaires.*

La saison, en nature, déploie tous ses atours, comme un baume
quant à ce qui se produit à grande échelle. Elle me rappelle que
notre faune et notre flore n'ont pas de prix et qu'il est primordial
d'apprendre, encore, à en prendre soin, à les découvrir, à les explorer avec le coeur grand ouvert. J'entame la semaine en constatant
encore qu'elle demeure chargée. On parle de la COVID, du Liban,
des politiques scolaires attendues et de milles autres considéra-
tions qui chamboulent. J'en perds un peu le fil et je choisis de me
concentrer sur l'essentiel : un jour après l'autre, mes enfants, un
peu de repos entre les heures de boulot.

Samedi, quatre heures du matin, heure du Québec. Je me prépare à
aller rencontrer la montagne à proximité, soit Orford. Il était prévu que je m'y dirige pour vingt-quatre heures, dans le plus grand
secret, or mes enfants ainsi que quelques précieuses collègues,
avec qui je partage des moments d'entraînement et de vie, se sont
vues informées du projet auquel je me préparais. J'avais dressé un
plan dans la plus grande simplicité, entre les morceaux de routine
qui m'entourent, pour être en mesure de gérer l'ensemble dans
un temps relativement court tout en limitant les ressources. En
préparant mon café, un vent d'aventure me submerge. Je me sens
toute petite, face à ce qui se trame un peu partout, qu'on parle de
sport, de politique ou de société, mais aussi heureuse de trouver,
dans ces remous, un moment pour moi, pour aller de l'avant avec
ce qui m'anime véritablement : la nature, le sport comme aventure

et la communication. Cette année, comme toutes les autres, en aura été une qui demande un certain sens de l'adaptation. C'est avec cet esprit que j'ai choisi d'aborder le plan ce matin-là.

À cinq heures, je m'apprête à prendre le départ. Sur le bout de mes souliers, un petit trou me rappelle que les montées et les descentes font partie des apprentissages qui nous permettent d'étoffer nos expériences. Je ne m'accorde pas le loisir de réfléchir davantage, car l'heure du départ est arrivée. Je respire l'air avec un tout petit peu d'appréhension, mais aussi le désir d'aller de l'avant, juste ici, seule avec la montagne. La première ascension en est une qui se veut assez fluide, histoire de me « mettre en jambes » et de trouver mon équilibre avant la chaleur qui s'annonce pour la journée. Je parcours la piste appelée « la quatre kilomètres » en joggant avec légèreté, consciente qu'il faudra plusieurs minutes à ma respiration pour annoncer son retour à un état d'esprit plus calme, centré. Les arbres et leur verdure sont éclatants. La piste me semble douce et la lumière qui s'annonce me permet d'imaginer un lever de soleil comme on aime les observer. Je prendrai une minute, au passage, tout près du sommet, pour en capter les couleurs.

Descendre le premier d'une vingtaine de tracés est agréable. J'envisageais compléter entre vingt et vingt-trois allers et retours, en empruntant des parcours spécifiques et variés, par blocs, pour accumuler un dénivelé positif correspondant à celui de l'Everest. Au terme de cette journée, je planifiais donc être en mesure de compléter cinq blocs entre lesquels je pourrais me ravitailler en rejoignant promptement ma voiture, garée dans le stationnement du Mont Orford. Le premier d'entre eux comportait un aller-retour sur la Quatre kilomètres et quatre montées de la Grande Coulée, suivies de courbes descendantes par la première piste (toujours la quatre kilomètres). Afin de faciliter l'accès à un point de rafraîchissement et d'hydratation — un petit ruisseau caché en bordure de la piste, j'avais fait de celle-ci la voie officielle de retour à la base.

J'aime aborder la Grande Coulée comme une pente qui nous offre ses abrupts afin qu'on y découvre la magie de ses paysages. Qu'on l'explore en matinée ou en fin de journée, quelle que soit l'optique avec laquelle on prend un temps pour regarder, les paysages surprennent toujours, tantôt majestueux, tantôt mystérieux, par leur portée. J'apprécie l'instant, l'effort, cette tranquillité propre au petit matin. Les heures semblent me conduire rapidement vers le deuxième bloc, qu'il me tarde d'entamer : quatre ascensions de la Trois Ruisseaux, pente fétiche puisqu'elle m'a accueillie lors de mon apprentissage du ski alpinisme (et du retour au ski en montagne, après une vingtaine d'année d'arrêt). Avant de m'y plonger, j'ai à reprendre quelques provisions et à m'assurer que tout est bien en état. La cinquième me conduit donc au pied du centre de services avec l'idée de me diriger, efficacement, vers ma voiture. Alors que je révise, mentalement, ce dont j'aurai besoin, je vois apparaître le visage souriant d'Anne, vêtue de ciel et *The North Face*, prête à prendre d'assaut le prochain bloc avec moi. Au cours du dernier mois, j'ai eu l'opportunité de partager quelques entraînements avec elle, ce qui m'a poussée à mieux gérer une anxiété que j'avais laissé croître et ce, depuis un bon moment. Peur de monter. Peur d'échouer. Peur de ne pas être en mesure de réussir quelque chose. Peur des autres, du jugement, de mes résultats, de ma propre condition physique, mentale aussi bien qu'émotionnelle. Chaque minute partagée, en entraînement, m'aura permis de m'y confronter. Je ne pouvais pas prétendre avoir tout résolu, mais à ce moment précis, aux abords du deuxième bloc, je me sentais honorée de pouvoir marcher dans les traces de la petite dame de fer... et d'en voir une seconde apparaître!

Parenthèse : la vie sportive, au Québec, est peuplée d'Anne(s), au pluriel. Littéralement. Je souris, parfois, en me disant qu'elles ont une force et une détermination à tout casser. Plusieurs d'entre elles gravitent autour de la course en sentier et elles m'épatent. J'imagine que c'est le fruit d'une synchronicité ou peut-être de la combinaison des attributs qui font des personnalités ce qu'elles sont. Ainsi, alors que je m'apprête à entreprendre une série de quatre montées de la Trois Ruisseaux, j'ai à mes côtés Anne (Bouchard) et Anne (Roisin), toutes deux sorties de leurs routines respectives pour avoir chaud, encore un peu, en traçant la piste. Puis, Veronic apparaît, tout juste éveillée après une courte nuit de sommeil. Les cailloux sont nombreux et les pas, accompagnés de bâtons, se succèdent à un rythme continu. Je n'ai pas envie de réfléchir; j'avance. J'écoute les conversations et je poursuis la montée en encourageant tout ce qui passe, incluant mes pieds. Je me demande si mes filles vont bien et j'avoue avoir du mal à éviter de me soucier de leur condition. Peut-être est-ce pour me distraire de la mienne, mais je trouve important de me rappeler la grandeur du cadeau de leurs présences et que celui-ci a une valeur bien considérable. Agir avec bienveillance. Monter avec bienveillance. Descendre dans le même esprit et me préparer à ce qui suivra. Un, deux, trois et enfin quatre allers-retours accompagnée en triple, en double, puis en simple et progressivement baignée par un soleil qui se lève de plus en plus haut. Le deuxième bloc se termine avec gratitude. Tout le monde a repris la route. Je remercie le ruisseau pour son eau fraîche parce qu'il fait partie des éléments qui sauveront, à coup sûr, la journée.

Le troisième bloc est entamé avec un regain d'énergie, puisque les répétitions sur la Trois Ruisseaux font place à la Grande Coulée, encore une fois. J'y continue mon parcours en passant, dans ma tête, du coq à l'âne. Les randonneurs se font nombreux. Ils parlent tantôt espagnol, tantôt brésilien, chinois, portugais, anglais et peut-être tchèque — je n'en suis pas trop certaine. Ils découvrent ou redécouvrent la montagne à grosses perles de sueur, la plupart d'entre eux gravitant en famille ou entre amis. Mes moments de distraction se font quand même brefs, puisqu'une partie de moi craint un peu la chute (mon corps affiche encore les marques de celle d'il y a deux semaines à peine... un vol plané en descente, dans un moment d'inattention et de fatigue). C'est un jeu où la psychologie engendre son dialogue, ce que plusieurs définissent comme « la force du mental. » Cette dynamique souligne une tension, laquelle se meut en lassitude qui me rappelle qu'il me faudrait bien manger quelque chose. J'ai de la difficulté; la chaleur ne me donne surtout pas envie de mâcher des aliments. Je repense au Mr Freeze qu'Anne (Roisin) nous a livré, en double, avant de quitter la montagne pour la journée. Aux raisins et mémorable. Je m'en souviendrai.

Le retour vers la pente qui serpente — la Trois Ruisseaux — s'est annoncé après une courte pause, laquelle m'aura permis de reprendre des forces et de croiser Julie, une coureuse au grand cœur, entourée de sa troupe. L'affluence des gens, malgré la chaleur, m'impressionne. La montagne continue de dévoiler sa grandeur au crépuscule et je crois que plusieurs savourent ce moment. Repartir vers une piste déjà explorée comporte ses avantages et ses inconvénients, mais je l'apprécie. Je sais que quelques personnes seront de passage ce soir, histoire de chahuter un tantinet dans les cailloux, à la frontale. Deux montées et descentes se passent. Les passages me taquinent et je respire pour mieux avancer. Je commence à compter le nombre de montées et de descentes qu'il me reste à faire pour arriver à l'objectif que je me suis fixé en me demandant s'il valait mieux compter à rebours ou en partant de zéro. Le dialogue avec ma fatigue se fait davantage présent, je le sens bien, puisque j'ai peine à raisonner. Dans la pénombre, Chantale, aux cheveux argentés, apparaît. Elle est tout sourire et la gratitude navigue jusqu'au bout de mes pieds. Veronic se joint à nous, puis Annie aussi. Nous ferons une montée à quatre, une autre à deux, nous retrouvant éventuellement, Vero et moi, au bout de la lune, prêtes à entreprendre à nouveau l'ascension de la piste de droite, juxtaposée au Mont Alfred Desrochers : la Grande Coulée.

En cumulant ce qui a été parcouru jusqu'à maintenant, il ne reste que trois montées et trois descentes à réaliser pour le compte de vingt. Je m'étais dit que vingt-trois pourrait aussi être un bon chiffre, mais je n'en suis pas convaincue, en ce moment. Veronic continue d'avancer avec moi même si elle n'avait pas prévu cette sortie. La douceur de la soirée et la chaleur qui nous entourent ont quelque chose de paisible, de méditatif. Pourtant, je sais que ses genoux la font souffrir et il est difficile de ne pas m'en inquiéter. Parallèlement, nous croisons un chevreuil, une famille recomposée de dindons sauvages (c'est mon interprétation, comme il y avait beaucoup d'oisillons), cinq ou six porc épics et enfin, de nombreuses grenouilles. La vie pullule ici, en montée comme en descente. Je m'émerveille à chaque rencontre et nous poursuivons le trajet avec la sensation d'être bien entourées. L'avant-dernière descente arrive et j'entends des sons qui me portent à croire qu'on vient de prononcer mon nom, quelque part, dans le noir. Nous avons bien croisé, à deux ou trois reprises, deux randonneurs ainsi qu'un coureur, mais une frontale, au bout d'un corps de petite taille, me paraît bien différente des précédentes. J'entends à nouveau mon nom, puis une chanson. Anne (Bouchard) est là, presqu'au sommet de la montagne, comme une étoile filante qui vient de poindre dans le ciel sans nuages, noir au possible, de l'été. Je tombe des nues parce que je n'avais pas anticipé cette visite. Je suis, littéralement, sans autre mot que *merci*, à tous les exposants possibles.

En ce beau samedi, en pleine nuit, au pied de la montagne, après dix-neuf allers-retours, Anne et moi avons déposé Vero afin qu'elle puisse se reposer. La dernière ascension, comme la dernière descente, m'ont semblé passer bien rapidement, dans le sillon des pas de cette Anne qui avançait avec une droiture et une constance que j'admirais. Les jambes et la respiration en cadence, comme toujours, jusqu'au bout.

Entre deux clignements de yeux, nous avons croisé Anne Le Mat, tout sourire. À l'arrivée, le cadeau d'une nouvelle semaine qui s'apprêtait à commencer, la vue des crêpes, accompagnées de chocolat, cuisinées par Anne et Sylvain, de la couverture au sol et les relents de l'effort m'ont submergée. Les jours passent et je ne me sens pas encore tout à fait détachée de ces cailloux. J'ai envie de retourner à la montagne. Je l'observe, au loin. Elle m'aura laissé, le temps de quelques heures, l'opportunité de tisser de nouveaux passages en rêvant de ceux qui suivront.

L'opportunité, peut-être, de faire de ce Défi Everest une fenêtre ouverte sur le monde, autrement.

LA RÉSILIENCE

« La résilience, c'est l'art de naviguer dans les torrents. »

~ Boris Cyrulnik ~

LA PETITE HISTOIRE

À partir du moment où j'ai su que la grossesse me rendait à nouveau visite, la venue d'Arielle, ma fille cadette, avait été préparée. À défaut d'y avoir vu aussi tôt la première fois, j'y portais une attention particulière.

Au soir de la trente-septième semaine de cohabitation intra utérine, lors de notre rendez-vous médical de routine, on m'apprenait que je ne pourrais pas retourner à la maison parce que mon bilan ne présageait rien de bon. Il fallait nous préparer à l'accouchement en salle d'opération et ce, au cours des heures qui suivraient. Deux ans plus tôt, ma grande était née à la trente-deuxième semaine de grossesse, entre avion et ambulance. J'en avais donc gagné cinq, de ces semaines.

Le plan de naissance avait été remis au médecin de l'urgence. Je n'avais aucune envie d'accepter la procédure, mais on craignait que je n'entre en convulsions, compte tenu de l'état et des réactions de mon corps, de sa tension, beaucoup trop élevée. En m'assoyant sur la table roulante, celle qui nous conduirait en salle d'opération, j'avais obtenu de Jonathan, le papa des enfants et de l'anesthésiste, que l'on puisse filmer l'accouchement, que le grand miroir de la salle soit orienté de sorte que je puisse voir tout ce qui serait effectué comme démarche. Cette fois, j'avais eu un peu de temps pour me préparer, psychologiquement parlant, au dénouement.

Les lumières étaient aveuglantes, mais le fait de pouvoir communiquer me rassurait quelque peu. J'avais conscience que l'on s'apprêtait à ouvrir une plaie cicatrisée. Je tenais à être éveillée et j'observais tout ce que le miroir me permettait de déceler au fur et à mesure que les outils étaient échangés. Chacun semblait soucieux de son travail et la concentration du spécialiste était palpable. Mes yeux faisaient des allers-retours vers la boite indiquant la tension artérielle. Elle demeurait beaucoup trop élevée. Je n'avais pas tellement mal, physiquement, mais je me sentais anxieuse. Je voulais voir ces chiffres descendre.

Puis, d'un seul jet, un cri avait rempli l'espace. Le sang faisait un tracé sur le tissu bleu et, au bout de ses filets, Arielle respirait la vie. Les yeux remplis d'eau, j'avais pu demander qu'on l'approche de mon visage, le temps d'un instant. Blanche, rouge et rose, elle respirait. Dans mon corps, une chute libre s'était fait sentir.

On l'avait rapidement emmaillotée pour la diriger vers la pesée. Mes yeux s'étaient de nouveau posés sur la boite noire, celle où les chiffres changeaient à l'instant. La pression artérielle descendait en flèche. Elle semblait présenter un résultat plus satisfaisant.

Recousue, on m'avait dirigée à la salle de réveil. Mon système nerveux s'était mis à faire des siennes. Rien n'y faisait. Je n'avais plus le contrôle sur les tremblements de terre qui traversaient mon corps. On avait voulu calmer les saccades, mais les minutes, puis les heures s'accumulaient avec une nouvelle hausse. D'heure en heure, le visage du spécialiste semblait se décomposer. Dirigée vers les soins intensifs, j'avais vu mon espoir de retrouver Arielle, mon bébé, reporté. J'espérais que tout aille bien et je n'avais en tête qu'une idée : pouvoir tirer mon lait et le mettre en bouteille afin qu'on lui achemine, à l'étage. Je n'en n'avais aucune nouvelle.

L'anxiété avait repris le dessus.

De l'autre côté du rideau qui fermait le carré où mon lit se trouvait, une dame venait de rendre l'âme. Pendant que j'obtenais qu'on me laisse accéder à la pompe électrique, sa famille pleurait à chaudes larmes. J'entendais les pleurs comme de longues tirades qui remplissaient les lieux. Les seins probablement gorgés de substances médicales autant que de lait, j'inspirais et j'expirais lentement.

Il était hors de question qu'on ne me laisse pas reprendre le chemin de la maternité. Vingt-neuf heures plus tard, toujours en train de mettre en bouteille le lait que je parvenais à extraire, on avait fait rouler mon lit jusqu'à une chambre individuelle. Arielle, tout juste baignée, avait été déposée dans mes bras. Ce moment m'avait paru être une éternité.

Plus que quelques heures avant de retrouver Izna, ma grande, et son papa, lesquels avaient fait preuve d'une patience inouïe. La vie était, encore une fois, toute nouvelle. Nous avions franchi une autre porte. Et c'est en caressant son oreille qu'elle s'était endormie sur ma poitrine.

LE PARALLÈLE

Nous nous composons à partir de ce que nous envisageons, ce dont nous rêvons, nos aspirations, lesquels deviennent nos objectifs. Nos souvenirs, ce qui nous a marqué et qui aide à forger le chemin pour chacun de nos pas font aussi partie de la recette qui nous conduira là où l'on choisira d'aller. Chaque personne nourrit sa propre motivation et bien que l'on puisse être entouré, au final, c'est à soi que revient le choix de mettre en action ce en quoi on aura cru.

La résilience est un concept qui s'affiche de plus en plus. Le fait de communiquer à ce sujet permet peut-être de mettre des mots sur de nombreux pans de nos histoires, lesquelles défilent plus largement en fonction de l'importance qu'ont pris, à l'échelle mondiale, les réseaux sociaux. Nous apprenons par imitation et j'ai tendance à croire que nous accédons plus facilement à cette dimension qu'est l'introspection en constatant que nous ne sommes pas seuls (ce qui peut paraître un peu paradoxal en regard du discours que l'on tient concernant nos écrans). Les mots et les images défilent à une vitesse impressionnante; ils changent à la minute, à la seconde, même.

On se voit donc interpelés, de part et d'autre, à reconnaître ceux qui nous entourent, mais également à se reconnaître soi-même à travers ce miroir qu'ils nous offrent. Les voies de communication qui se décuplent pourraient être, partiellement, garantes de la force qu'on trouve en soi pour avancer lorsque les temps se font durs, lorsque les épreuves qui jalonnent nos parcours se dressent telles de grandes montagnes. Lire le récit de celui ou de celle qui a cheminé au-travers de ces aléas, parfois envers et contre tout, nous contamine. On s'en inspire. On fait de la résilience une voie de passage vers un avenir qu'on espère plus vert, plus authentique, etc. J'ose souhaiter que nous soyons de plus en plus nombreux à nous relever, jour après jour, après jour. Cette faculté, au quotidien comme lors d'une épreuve d'endurance, se présente comme un atout fort précieux. C'est ce qui nous conduit jusqu'au bout d'un parcours, mais également jusqu'au bout de nous-mêmes.

Billet

Tour du Lac Memphrémagog en solo, prise deux Canada/États-Unis

La veille

Dimanche, 21:30. Allongée sous ma couette, j'entends la pluie qui commence à tambouriner, tout près, dehors. Mon chat ronronne, la tête sur l'oreiller qui avoisine le mien. Mes filles ont déserté la maison pour vingt-quatre heures, histoire de se réveiller un peu plus tard que moi. Un calme impromptu s'installe et je me demande si j'ai vraiment envie de faire ça. Le temps s'annonçait automnal et on prévoyait un déluge. Éventuellement, l'endormissement me gagne et la nuit disparaît... jusqu'à ce que la pluie me réveille, vers trois heures du matin.

J'ai pris mon élan avec la bénédiction des sages. Alors que le jour dormait encore, à quatre heures cinquante du matin, je leur avais affirmé qu'il ferait soleil vers dix-neuf heures, pour la dernière section de route qu'il me resterait à parcourir. Cinq heures approchaient, en plein Magog, et j'avais le calme au coeur. Et, dans la tête, cent vingt-trois kilomètres à parcourir au pas de course. Apparus dans le stationnement de l'école, Noémie, Michel et Jocelyne souriaient, eux aussi. Leur passage s'affichait comme le coup d'envoi de cette journée. Ce matin-là, je devenais récidiviste : j'entreprenais, pour une seconde fois, en solo, le Tour du Lac Memphrémagog et de ses valons... de ses nombreux, ses renommés valons...

Le départ

Le départ est donné sans attente. L'été avait été long. La guérison aussi. Au fil des derniers jours, plusieurs collègues et amis se sont proposés en vue de m'accompagner, le temps d'une ou de quelques sections. La météo penche dans la balance (mais pas dans ma tête). Plusieurs ont maintenu l'idée de s'alterner, bien habillés, prêts à aller de l'avant, vent devant. Je m'étais lancée à nouveau dans ce projet en me disant qu'il ne me fallait que le matériel nécessaire pour progresser au cours de la journée et, au besoin, quelques dollars en poche. L'arrivée d'accompagnateurs s'était présentée comme la cerise sur le sundae. Je n'ai jamais trop aimé faire l'étalage de ce que j'envisage et de ce que je prépare, mais le fait de me sentir, encore une fois, aussi bien entourée, me fait réaliser à quel point il est précieux et important aussi de communiquer avec les autres. De partager ce que l'on vit. De s'exprimer, simplement et franchement. De demander. Chacun des kilomètres franchis me rappelle à la gratitude que je ressens face à la personne qui roule à mes côtés. L'an dernier, je fermais une boucle, un chemin. Cette année, j'ouvre et je nettoie, avec la pluie. Il y a, quelque part en moi, une sensation de joie. Quelque chose de différent.

Les vallons

La route monte et descend, puis elle remonte et redescend. Les sections où le sol se fait plat sont plutôt rares. À chacun des points de contrôle, un message est envoyé pour annoncer aux autres la progression le long de ce trajet. Le douanier, au premier poste frontalier, semble assez préoccupé par le fait que je sois entrain de courir sous la pluie. Il ne comprend pas. Alors on s'explique : les causes que l'on soutient, le Relais pour la Fondation (Christian Vachon), l'organisme Je Vis (prévention du suicide) et la préparation pour la Diagonale des Fous (Grand Raid de la Réunion). Est-ce qu'on recueille des fonds? Oui, mais pas là, « on the spot. » Le passage se fait assez rapidement, donc, et je repars avec Mariane, une inestimable cycliste au grand coeur. Plusieurs pensent et se disent que les coureurs en sentier ne parcourent pas les routes. Chez nous, routes et sentiers font leurs sillons les uns à côté des autres. Certaines routes ont d'ailleurs l'aspect de larges pistes sur lesquelles on peut aisément se retrouver face à face avec un chevreuil, un orignal, des marmottes ou des dindons sauvages. Alors, autant que la course est un entraînement, c'est aussi une période de méditation, un moment de présence, une façon de porter un message ou une cause. Enfin, il s'agit de bien d'autres choses encore et comme je me plais à le dire, il y a toujours une bonne raison pour courir. Aussi, coureurs de sentiers et coureurs de route entremêlent leurs pedigrees assez régulièrement dans le coin. Aujourd'hui, on ajoute à la liste les limaces. Elles se glissent, par centaines, sur l'accotement, rendant parfois ma démarche assez périlleuse, car je refuse de les écraser. La pluie se fait dense, puis se disperse avec le vent. Je navigue dans une zone qui me demande d'être présente à mon corps. Les montées se poursuivent.

Quand ça creuse

...Et on redescend. Certains endroits avivent ma mémoire plus que d'autres et je prends le pouls de ce nouveau moment en mâchouillant mes petits saucissons. Le Vermont est un lieu où l'on a l'impression que le temps passe rapidement, même sous la pluie. J'ai une pensée pour tous ces gens qui se présentent, ici et là, sur le parcours et qui sourient malgré la grisaille. Leur présence me fait l'effet d'un incroyable cadeau. Le sentiment de faire partie de quelque chose de bien plus grand que moi revient en boucle. Au-delà du défi sportif, les pensées se bousculent et une joie éclate, comme un sac de grains de popcorn, à répétition. Une petite douleur apparaît au-dessus de ma cheville. Ça tiraille, mais je gère. J'y accorde beaucoup d'attention et je ralentis, histoire de lui offrir un peu de latitude. Courir sans dossard est une aventure qui offre un air particulier et qui permet peut-être un peu d'être à l'écoute et présent autrement. Gestion du temps, autonomie, anticipation et imprévus nous appartiennent. C'est un espace que j'apprécie. Il comporte son lot de risques, mais aussi de belles surprises. Rapidement, le territoire canadien s'annonce le long du sentier. L'entrée au Canada se fait par la douane de Bee Bee, un petit patelin aux rues en bosses. C'est toujours excitant même si, dans les faits, nous ne sommes pas allées bien loin. Cette fois, les véhiculent attendent à la queue-leu-leu en vue de franchir le poste frontalier. Les douaniers sont efficaces. Le temps avance et, tranquillement, on se rapproche de la barrière. Le passage s'effectue éventuellement et je peux rejoindre Carmen, Alain et Sylvie, qui m'attendent avec le sac de ravitaillement que je leur avais confié. Massage rapide, vêtements secs et c'est un départ pour reprendre le chemin avec la pluie, les électrolytes et le sourire. Tout y est. Les jambes et le coeur suivent. Mon accompagnatrice à vélo semble s'être évanouie. Puis, comme une surprise, les couleurs de son manteau se dessinent alors que je me retourne, quelques kilomètres plus loin; Sylvie me suit, aussi discrète qu'une souris.

Fitch Bay et la sorcière

La maison de la sorcière, dans le coin de Fitch Bay, m'apparaît comme un point de repère qui titille le mental. Pas pour cette immense girouette noire, qui trône sur son balai, mais plutôt parce que j'anticipe, depuis un mois, la côte qui suit, lors de la prochaine section. Elle n'a pourtant rien d'exceptionnel et ne se présente pas comme la montée la plus salée de la journée, mais elle trotte dans mes pensées. Elle menace la petite douleur qui s'élance, ponctuellement. Mon ancrage, à ce moment, se présente comme la vision de mes deux grandes filles, qui, pour une première, seront postées à deux point deux kilomètres de l'arrivée. Elles seront accompagnées d'une amie et de leur mère. Je pense à elles et je me dis que j'ai besoin de me rendre à ce point, au moulin, à Magog. J'ai envie de les voir, de mettre mes lunettes de soleil parce qu'il se pointera au travers des nuages et qu'il éteindra la pluie. C'est certain. Hors de tout doute. Un creux se fait ressentir et après un court arrêt, je repars, cette fois, entourée de Julie-Gil, de Daniel et de Carmen, à vélo. Le sucre devient mon allié. Pâte de goyave et miel se substituent aux saucissons. Les pensées qui défilent me rappellent à quel point j'aime mes enfants, mes amis, mes collègues et mes jambes. On est là, tous trempés (les vêtements secs auront eu une vertu éphémère), le coeur rempli de cette passion pour le mouvement, pour la course, pour le défi et pour toutes les causes qui nous tiennent au ventre. À l'approche de la côte redoutée, je me sens vannée. Ce sera la seule pente pendant laquelle je me permettrai de marcher pendant une ou deux minutes. Juste pour lui donner raison. Juste parce que j'ai eu peur, avant même de l'avoir entamée. Juste un peu, enfin, parce que je crois que j'ai ressenti l'urgence d'écouter mon besoin de douceur. C'est un moment salutaire. Cracher un saucisson pour manger une bouchée de miel durcit, encore, avec une touche de caféine. La fin de journée approche.

Le retour des sages

On arrive, avec la lumière du jour, au poste de pompier, prochain point de contrôle (officieux, en l'occurrence). Michel et Jocelyne, mes sages et anges de quatre heures cinquante du matin, sont de retour, après une excursion à Rigaud, apportant avec eux le soleil de l'aurore. C'est un moment particulier. Un endroit, aussi, où tout semble devenir un peu festif, comme l'idée de l'approche de la fin du parcours. Chacun des moments d'une course est important, bien entendu et celui-là n'y fait pas exception. L'an dernier, ce moment marquait le passage à la frontale et aux vestes phosphorescentes. Aujourd'hui, la lumière, qui fait fondre les nuages, a gagné. Pour ce qui est de la veste, elle m'a tenu compagnie, toute la journée, compte tenu de la visibilité réduite en temps de déluge. Mes pieds touchent le sol un peu moins légèrement et je sens bien que mes chaussures, elles, ont beaucoup voyagé. Je me promets que cette sortie sera leur dernière; leur usure me préoccupe... une chaussure est aussi précieuse qu'un trésor. Je peux comprendre, alors que mes pieds martèlent le sol, que le choix de leur offrir cette balade n'était peut-être pas le meilleur (j'en souffrirai quelque peu les jours suivants, alors que mon pied droit aura la grosseur d'une papaye)! Enfin, l'expérience m'apprend, encore une fois. Mon sourire avance tout de même avec ceux et celles qui sont venus m'accompagner pour la durée des deux dernières sections. Je lève constamment les yeux au ciel, heureuse de sentir la chaleur et de percevoir les jaunes projetés par le soleil. Une bénédiction en or. Puis, très vite, on arrive au Moulin.

Enfants = émotions à l'horizon

Le Moulin, c'est l'endroit où toutes les équipes, lors du Relais Memphrémagog, se regroupent afin de compléter les derniers deux point deux kilomètres. Tous sont bienvenus et les pas s'ajustent aux membres de chacun des groupes. Alors qu'on y arrive, je savoure le fait que l'organisation de cette journée, sa préparation et la façon d'établir les points de rencontre aient été concrétisés avec simplicité. L'équipe est restreinte et pourtant, elle me semble tellement bien fournie. Le stationnement désigné pour s'élancer vers les derniers kilomètres se dessine. L'obscurité est encore absente. Je peux entendre, tout près, des sifflements et des voix qui me sont familiers Puis des visages se joignent aux voix. J'entrevois quelques amis, des élèves, des passants. Le visage de chacune de mes filles m'apparaît enfin et je réalise à quel point elles ont grandi. Je rêve, depuis déjà quelques années, d'avoir l'opportunité de compléter un trajet avec elles. Quand un rêve prend forme, j'ai souvent (ou presque toujours) l'impression de vivre un moment un peu surréaliste. La gratitude se fait sentir, dans ma gorge, comme une marée. Mes yeux s'embuent. Les enfants, eux, semblent être heureux de pouvoir courir devant. La joie m'apparaît comme un fil qui relie tous les hier à aujourd'hui. C'est peut-être ça aussi, le moment présent.

L'école secondaire de la Ruche est maintenant à portée de vue. J'atteins les cent vingt-trois kilomètres qui bouclent le trajet. Cent-vingt-trois kilomètres pendant lesquels j'aurai été accompagnée par des collègues, des amis, par des coureurs et des coureuses côtoyés en forêt. Cent vingt-trois kilomètres que j'aurai complétés entourée de mes enfants, de leurs amis et de sourires excités. Cette année aura été bien différente. Récidiver, dans ce cas, ne signifie pas revivre la même expérience, mais bien retracer le parcours autrement. Ça fait partie de l'aventure. Et de l'émotion. C'est ce qui m'interpelle, toujours. Droit devant.

LE TEMPS

« Retourne là d'où tu viens et vis ta vie en faisant abstraction de la peur. »

~ Amrita Mirjani ~

LA PETITE HISTOIRE

L'Abitibi, au nord du Québec, est devenue ma terre d'accueil alors que je revenais d'un séjour en Corée. J'y ai posé mes valises en compagnie de celui qui allait devenir le père de mes enfants. Je n'avais en poche que le goût de mettre sur pied un projet créatif et de m'élancer, toutes vannes ouvertes, dans les bras de cette entreprise. Munie de volonté, d'imagination et de peu de moyens, on m'avait accueillie au sein d'un groupe d'entrepreneurs en devenir. Je retournais en classe, une autre fois. Une autre fois parce que chaque aventure, chaque épreuve semblait se solder par le choix de m'atteler aux études. Outre l'inconnu, c'était le lieu qui m'apparaissait le plus sécuritaire. Et j'avais soif de sécurité. Je voulais me sentir rassurée, enveloppée par ce que j'estimais être mon essence.

Dans cet esprit, l'Abitibi se présentait à moi comme un vaste terrain d'exploration des plaines, des forêts, du monde sauvage, tant qu'il échappait aux coupes à blanc, commençant à être un peu trop répandues, à toutes les directions. C'était aussi l'univers du silence, de la recherche d'équilibre et des grands froids, des froids secs.

Je disposais de temps pour marcher, pour explorer, pour réfléchir aussi. En remontant le temps, puis en faisant le parallèle avec le présent, je me suis souvenue d'un moment qui allait attiser ma compréhension : je me retrouvais, au collégial, en pleine phase d'entraînement alors que je constatais que sur le point de faire une crise cardiaque, au sens propre. J'avais maintenant vingt-sept ans et je venais d'apprendre que j'étais enceinte, que j'allais donner la vie à un être au terme de neuf mois de grossesse — du moins était-ce alors ce que je croyais — une période d'incubation correspondant à celle de mon projet d'entreprise, me disais-je. Peut-être était-ce l'élément déclencheur dont j'avais besoin pour recommencer à manger et à boire vraiment. Parce que cela ne dépendait plus que de moi : il me fallait voir à ce que la vie, qui s'était installée dans mon ventre, puisse suivre son cours et s'épanouir.

Au Sud d'Amos, ce soir-là, nous étions quelques-uns assis à la table de Guillaume. Mon ventre s'était mis à expulser sa douleur et de petites mains tambourinaient avec insistance sur sa paroi. J'avais ressenti l'urgent besoin d'emprunter le combiné de téléphone.

En raccrochant, je savais qu'il me faudrait obtempérer aux conseils de ma sage-femme. La douleur s'était muée en hémorragie et celle-ci devenait trop importante pour qu'on choisisse de prendre le risque d'attendre plus longtemps. Guillaume, notre hôte, avait rapidement saisi l'aspect crucial de la situation. Il nous avait escorté jusqu'à la camionnette avec précaution en s'assurant que Jonathan, le papa en devenir, saurait quel chemin emprunter.

Munie de serviettes de plage, j'avais pris le parti de tenter de m'asseoir sur un siège passager pour le transport vers l'hôpital. Tout me semblait inconfortable et mon ventre semblait propulser, maintenant, sa douleur à coups d'éclairs. Izna, logée dans son cocon, continuait de le marteler, manifestant abruptement que quelque chose n'allait pas.

J'avais mal.

L'arrivée à l'hôpital s'était produite comme un grand débarquement : il fallait faire vite. Juchée sur la table médicale, j'avais appris que la grossesse était sur le point de s'achever. Presque deux mois trop tôt. À Amos, le personnel n'était pas outillé pour accueillir un bébé dans une telle situation. Il fallait nous déplacer vers un grand centre.

En quelques heures, encore déchirée par les contractions et l'abondance de l'hémorragie, j'avais fait le deuil d'un accouchement en douceur et je nous avais vues, bedaine et moi, embarquer dans un avion où ne se trouvaient que nous deux, le médecin, une infirmière et le pilote.

Le papa d'Izna avait été contraint de remonter le temps et de tracer sa carte jusqu'à notre nouvelle destination : l'urgence du Parkdale (Civic) Hospital, à Ottawa. À ma demande, une personne de bon conseil, Bernadette, allait y faire un saut à notre arrivée. Je me sentais presque calme. Dans la pièce munie d'appareils de toutes sortes, je ne voyais que du blanc, des chiffres, mes conceptions de l'événement qui se transformaient avec le débit sanguin. L'afflux ne ralentissait que partiellement alors que je tentais de maintenir une forme d'équilibre là où il semblait ne plus pouvoir exister.

Puis, au terme de près de vingt-quatre heures de contractions et de résistance, j'ai choisi de lâcher prise. J'ai accepté qu'on m'opère, juste après l'arrivée de Jonathan. Couchée sur la table d'opération, alors qu'on m'injectait un anesthésiant, mes mains s'étaient relâchées et j'avais laissé tomber la pierre que mon amie Bernadette m'avait confiée. Je ne pouvais pas voir ce qui se passait, mais je sentais quelque chose qui bougeait alors que l'on découpait mon ventre. Mon oreille n'avait capté aucun cri, toutefois, j'avais pu être témoin de la rapidité d'exécution de chacun des membres du personnel médical.

On m'avait fait signe pour m'indiquer que la vie avait encore un sens à cet instant-là.

Izna est née à trente-deux semaines et quatre jours, au terme de nombreuses heures de lutte. Son corps était tout petit, mais elle avait une santé de fer.

Quelque vingt-quatre mois plus tard, sa soeur, Arielle, arrivait dans des circonstances tout aussi particulières.

LE PARALLÈLE

La course de longue distance offre un regard sur le temps qui peut s'avérer très variable en fonction de ce que l'on choisit d'entreprendre et de la façon dont on compte le réaliser. La planification y joue donc un rôle important, mais il existe aussi — ou encore — cette zone où l'imprévu demeure susceptible de se pointer. On peut alors en perdre la notion, ce qui arrive d'ailleurs, en certaines circonstances, lorsqu'on maintient une qualité d'effort soutenu au cours de nombreuses heures.

Il arrive que nos plans ne concordent pas tout à fait avec ce que nous avions envisagé. Lorsqu'on le réalise, nos objectifs peuvent se voir réévalués. En course, il nous faut, au minimum, tenir compte des barrières horaires. En plus d'estimés de temps réalisés par d'autres coureurs (dans l'éventualité où l'on emprunte un trajet connu), celles-ci nous permettent de formuler des hypothèses quant à nos temps de passage. Lorsqu'on réalise un défi personnel où il n'y a pas ou peu de barèmes établis, ce qui se déroule apporte son lot d'ajustements et de surprises vouées à nous faire progresser et à offrir un regard constructif sur l'expérience.

L'acuité dans la planification vient avec l'expérience, mais aussi avec le fait de s'entourer d'une équipe qui fera de son soutien une assise dont la valeur est inestimable. Lors d'épreuves d'endurance, pouvoir compter sur d'autres yeux que les nôtres, d'autres têtes que la nôtre, d'autres stratèges que soi-même apporte une richesse en ce que le focus, l'attention et la façon dont évolueront les événements se divise en séquences sur lesquelles il est davantage possible de se concentrer. Nous avons tous cette aptitude d'exercer plus d'une tâche à la fois, même si la rentabilité et l'efficacité en sont alors dispersées. Porter toute son attention sur ce qui se produit en soi et autour de soi pendant une épreuve offre un autre regard sur l'expérience. Ce choix sera le résultat d'une orientation : voulons-nous effectuer cette expérience en autonomie, sans assistance, ou encore bénéficier de l'aide d'une équipe de soutien?

Ce qu'on privilégiera aura son impact et pourra faire une différence en matière de temps parce que cela impliquera de nombreuses déclinaisons en fonction de notre progression, de nos arrêts, de nos besoins. Et bien que la durée puisse parfois sembler longue à ceux et celles qui sont témoins de l'aventure, lorsque nous sommes sur le terrain, plongés dans l'instant, le temps nous file entre les doigts. Même lorsqu'il peut paraître long, au bout du compte, il appert que les souvenirs se tassent comme un sandwich qu'on aurait compressé dans son sac.

À certains moments, il arrive qu'on réalise que le lieu qu'il nous tardait d'atteindre n'est en fait qu'une étape du trajet que l'on vit, duquel on s'imprègne. Atteindre un but peut être satisfaisant, bien entendu, mais il sous-tend toujours une porte ouverte sur ce qui suivra, ce qui nous portera un peu plus loin, vers l'avant. À chacun son rythme, sa cadence et sa façon de le vivre... Lorsque les pensées tournent en boucle et que les douleurs ressurgissent, la conception du temps peut changer, pour le meilleur et pour le pire. Cela fait partie des aléas de l'aventure. C'est un risque que nous prenons et j'ai l'impression que cette part d'inconnu pèse beaucoup dans la balance de celui ou de celle qui s'en nourrit.

Billet

| Un instant à la fois

> « Courir m'a transporté au coeur de petites et de grandes aventures, à la maison et autour du monde. Courir m'a nourri d'espoir et de persévérance dans les jours où je n'en n'avais plus — et même, de temps à autres, de cette lumière qu'est la gloire. Courir m'a appris que je pouvais tout faire, tant que je continuais à poser un pied devant l'autre. Parfois, cette notion est métaphorique et parfois elle ne l'est pas. En ce sens, J'ai été inspiré à réaliser des choses que je n'aurais peut-être jamais cru possibles autrement. Et tout a commencé par un simple pas. »
>
> ~ Martin Dugard ~

Sur la montagne, la pluie ruisselle. Elle se coule le long des branches, poursuit sa fuite jusqu'aux feuilles qui y sont attachées et plonge au sol avec grâce. Les minutes, puis les heures passent et les flaques d'eau, mélangées à la terre, offrent à mes souliers quelque chose qui ressemble à une recette bien juteuse dont on n'est pas certain de vouloir connaître le secret. La brume enveloppe les environs et pourtant, on voit encore les sommets et les pignons au loin. Un instant passe et le point de vue disparaît pour offrir quelque chose qui ressemble à une jungle touffue, version québécoise. L'eau qui danse avec moi sur les rochers, le long du sentier, semble faire la conversation. La chaleur nous environne. C'est magnifique.

Je respire, entre les rochers, en pensant à ces vides, parfois trop remplis, qui me font tanguer, dernièrement. Au travail, je me suis rendu compte que je me sentais fatiguée, que j'avais, en quelque sorte, perdu espoir. Comme si j'avais un peu abandonné. Comme si la ligne de départ et d'arrivée n'existaient plus et que le tracé se faisait très flou. Je me suis perdue dans le train-train du quotidien qui va, bien souvent, à une vitesse pour laquelle je me prends à retenir mon souffle. J'ai l'impression, dans ces moments-là, d'oublier ce qu'est le bonheur. Comme si la perception qui l'accompagne devenait un concept abstrait, quelque chose d'intouchable. Je ne constate pas que la journée est longue; j'en suis immergée. Quand la nature me prend dans son bain, dans le mouvement, le bruissement de ce qui l'habite, je sens que ma respiration reprend son cours. J'avance, un pied devant l'autre. Même sous une pluie torrentielle, il se dégage une paix qui nourrit le coeur. La ligne n'est pas tracée sur le sol. Elle est partout. Le départ et l'arrivée se rejoignent en un instant, comme une image en panoramique, qu'on aurait accolée à une autre, puis une autre encore pour en faire un paysage à tête de hibou. Les sensations bougent.

La cadence, rythmée, crée sa musique et elle me fait remarquer que j'ai la tête remplie. Pleine de trop-pleins. Fatiguée aussi. Comme je respire, elle fait son inventaire et se déverse, quelque part, le long du trajet. Comme la pluie, les pensées ruissellent et s'organisent en créant de drôles de chemins. Dans la forêt, les pentes montent et descendent. Mon souffle s'adapte. Il gravit les abrupts, palier après palier. Puis il redescend avec l'allégresse d'un mouvement plus rapide. Les formes sont irrégulières et harmonieuses.

L'environnement me fascine. Je me rends compte — ou quelque chose porte au rappel — que ce que je ressens et que j'observe fourmillent à partir de l'intérieur. L'entraînement et la nature génèrent un langage qui me parle et qui me stimule, qui m'interpelle, jour après jour. C'est mon encodage. J'en ai besoin. Il m'est arrivée d'essayer de m'en dissuader, mais ça ne fonctionne pas.

Je cours. Les minutes continuent de s'effleurer. Les heures rigolent et je réalise que j'ai oublié, une autre fois, que mon bonheur m'appartenait. Qu'on ne pouvait pas le déposer dans les mains des autres. Paradoxalement, alors que le jour semble tomber, l'esprit se dégage et s'éclaire.

Inspirer et expirer pour de vrai. Sentir mes jambes qui travaillent alors que mes yeux découvrent les environs une nouvelle fois... ou une fois nouvelle. Avoir l'idée que la fatigue se fait ressentir, mais qu'elle ne m'emporte pas. Elle ne m'écrase pas. Elle fait partie de ce qui circule dans mon souffle. Par la bouche, par les narines, par les yeux, par les pieds et par la tête aussi. Le souffle, c'est l'ensemble. Le souffle, c'est un peu de ce que je retrouve en forêt.

Quelques tranches d'orange sortent de mon sac. J'ai le rictus facile. Le bonheur perle à la pluie. Et je cours encore, en me disant qu'on peut se projeter dans les environs, venir en aide et se faire donner un coup de main aussi, à son tour. C'est vrai. Et important. Mais la semence, ce qui grandit avec la pluie, puis le retour au soleil, passe par un rythme, une cadence et les yeux qui sont les nôtres.

Le sentier s'ouvre et se referme, offrant des passages moins empruntés que d'autres. Je réussis à me perdre dans une forêt pourtant familière et ça me fait sourire. Parce que je peux goûter un peu plus à la pluie. Certains passages sont inondés alors que d'autres se drainent tout naturellement. Et tous semblent respirer, encore, comme moi. J'y vois un beau parallèle. Les zones se découvrent alors que la verdure se fait de plus en plus abondante. Je circule à bon rythme et j'ai tout de même l'impression de capter ce qui vit, comme si je me fondais dans le paysage. Comme si nos poumons ne faisaient qu'un. C'est une sensation riche et unique. Devenir la nature, la forêt. Ajuster mon pouls au sien.

J'enchaîne et le temps me semble relatif. Dehors, les heures passent et elles n'ont pas d'importance. C'est un moment et je ne le remets pas en question non plus. Je m'entraîne, oui, mais il me semble que ça représente bien davantage. Doucement, la pluie s'effrite et s'éteint. La sortie approche aussi, car des pancartes annoncent l'approche du point de départ. J'entends l'eau qui gronde, au petit barrage, comme si elle faisait la conversation avec entrain. Je bondis. À mes pieds, soudain, un mini serpent apparaît. Une couleuvre qui se meut tout en ondulation. Elle et moi avons été surprises, je crois, par l'apparition de l'autre. Je m'arrête et je prends le temps de lui sourire, de lui parler avec douceur. Mon imagination travaille et j'ai l'impression qu'elle discute, elle aussi, à sa façon. Je l'observe et elle m'observe à son tour. C'est un cadeau. Je repars, doucement, avec le sourire au coeur, au ventre et aux pieds. Au terme de ce weekend, de ces trois journées d'entraînement, je ressens une saine fatigue, mais surtout, la paix. Je débouche sur le stationnement où se trouve ma voiture alors même que le soleil pointe son nez. Il me rappelle, lui aussi, que la vie sourit et qu'elle est bonne.

Un instant à la fois

LES DÉFIS

« J'ai découvert que rien n'a de valeur dans la vie si
on ne prend pas de risque. Rien. Nelson Mandela a
dit : Il n'y a aucune passion à trouver dans le fait de
se faire petit et de construire une vie qui est moindre
que ce que vous êtes en mesure d'établir. N'aspirez pas
simplement à gagner votre pain. Aspirez à faire une
différence. »

~ Denzel Washington ~

LA PETITE HISTOIRE

C'est la rentrée. Les enfants sont à la fois excités et anxieux. Comme
à chaque mois de septembre, le moment est à l'adaptation. J'attends,
tout près du téléphone, que celui-ci se mette à sonner pour qu'on
me demande de me présenter dans une école. Les mains moites, le
souffle court, la tête pleine d'un peu trop de tout, je doute. J'en serai
sûrement capable, mais je ne peux m'empêcher de me demander
dans quelle situation j'atterrai ici et là, comment me seront présentées les classes à l'horaire, qui seront les élèves, ce qu'il me faudra
sacrifier, à la maison, pour y être présente.

Je décroche le téléphone. On m'attend dans quinze minutes. Quinze
minutes pour être fin prête, avoir en main quelque chose qui
puisse m'être utile en vue de capter l'attention, la certitude que ça

fonctionnera, le plan de route pour m'y rendre, une solution repas du midi et pour m'assurer que mes enfants m'attendront bien au service de garde en fin de journée.

Quinze minutes où j'aimerais tellement refaire le monde, souligner l'importance d'aimer son travail, de s'impliquer dans un environnement où l'on a envie de se sentir engagée. Quinze minutes pour faire de la routine une boulette de papier lancée au loin.

Me stationner n'est pas si ardu. Je vois bien que des véhicules sont cordés autour de l'école. J'ai oublié de valider le code vestimentaire, mais, de toute façon, mon pantalon et mon gilet ont une allure plutôt neutre. Noir sur beige. Confortable. Sans prétention.

Entrer dans l'école, c'est faire abstraction de tout ce qui court dans ma tête. Je n'ai qu'un seul objectif : me rendre en classe et réussir à compléter le mandat pour lequel on m'a contactée. Je ne sais pas si j'en aurai pour quatre périodes, trois jours ou une semaine. C'est une question qui ne se pose pas, dans l'urgence. Et j'arrive toujours dans les situations urgentes. Sans faire la visite du propriétaire, j'observe les lieux et la vue du bureau de la secrétaire m'offre un moment de réconfort. Il existe un phare, un poste où l'on peut se référer, in extremis, et c'est là. J'espère ne pas en avoir besoin — car on ne ferait pas appel à moi pour un autre mandat si je demandais de l'aide, mais je respire à la seule idée de savoir qu'il existe.

La classe est située au sous-sol. On m'a indiqué où trouver la clé et comment accéder au système avec mon ordinateur. Les murs me font l'effet d'un couloir d'usine, de ces espaces industriels recyclés à des fins contemporaines. S'il se passe quoi que ce soit, on ne pourra entendre que nos voix, nos éclats parce qu'il n'y a aucun autre local, habité par un autre enseignant et peuplé de ses élèves dans les environs.

En y entrant, je constate que la pièce est en fait constituée de quatre sections, comme quatre pièces différentes. Toutes n'ont pas une porte, mais elles rendent l'espace suffisamment vaste pour qu'il me soit impossible d'avoir en visuel chacun des espaces. Le matériel d'art, les projets, des objets en tout genre, promis à une autre vie, sont perchés un peu partout. Il y a, dans ces espaces, quelque chose de chaotique, mais aussi d'extrêmement intéressant : mille possibilités. Mille idées pour aiguiser la créativité.

Le premier groupe ne tarde pas à arriver, bruyamment. On dirait qu'un tremblement de terre descend, avec lui, au sous-sol. Les élèves entrent par bourrée et j'en compte, au dernier, quarante-deux. La surprise et la curiosité oscillent dans mon regard, à l'abri des jeunes, puisqu'ils sont occupés à discuter avec ceux qui les entourent. Je contemple mon écran, l'instant d'un souffle, puis j'épingle la liste-classe des ados du moment.

Mon ventre et ma cage thoracique semblent séparés par une frontière invisible, mais perceptible : une solide barre qui coince ma respiration et me rappelle que je ne suis pas toujours maître de mon corps, de mes émotions. L'horloge me fait signe. Elle m'indique que je dispose de cent vingt secondes pour intervenir, le temps d'un deuxième son de cloche. Ici entrent en jeu la logique de l'introvertie et son contraire : observer au préalable pour agir ensuite devient agir et observer ce qui s'ensuit.

Au fil des jours, je constate qu'on a attitré à ce groupe deux intervenantes sociales — elles nous ont rendu visite. Nous ne les reverrons pas, mais je ne m'en formalise pas trop, comme s'il était normal de ne pouvoir compter que sur soi. Une période à la fois, les troupes entrent au local, en ressortent, couleurs, matériaux, nettoyage, déplacements, guerre de crayons, d'argile, d'encre et discussions entremêlés. Certains noms m'échappent, faute de temps pour discuter et apprendre à connaître chacun.

Ces jours, qui deviennent éventuellement de semaines, font du sous-sol un repère auquel j'aimerais bien pouvoir ajouter des fenêtres imaginaires. De cette ancienne chaufferie, un

territoire où les limites flirtent avec l'interdit. Ce matin, un élève s'est présenté en classe absorbé par le nuage qui semble voiler ses yeux. Il m'entend à peine. Je le devine sensible et pourtant complètement emmuré dans une consommation dont je ne connais ni le détail, ni l'origine. Je n'ai pas envie de l'expulser, sachant ce qui l'attend, mais je sais que je ne peux pas sauver la situation dans ce contexte.

La journée passe et elle conduit à la suivante, celle où je quitterai mes enfants, conduirai pendant près de cinquante minutes, au petit matin, pour franchir la porte massive de l'entrée d'une école qui me semble aussi déserte que peuplée, tant sa brique abrite des recoins dont je ne connais pas encore tous les secrets. Les souvenirs semblent transpercer les murs et murmurer leurs histoires au-delà du silence. Mon pas s'accélère pour rejoindre l'espace où j'enseigne. Le sous-sol. L'ancienne chaufferie.

Aujourd'hui, en faisant le décompte de mes élèves, répartis dans les locaux de nos quartiers, je découvre une sortie d'urgence, encore en fonction, par laquelle quelques-uns se sont faufilés, prenant la poudre d'escampette. Non loin de là, un groupe de trois ou quatre jeunes, absorbés dans une discussion aussi animée que le processus de création, semble habiter un autre espace. Momentanément, j'ai l'impression de naviguer sur un radeau, en quête d'un rivage à peine visible. J'en suis à ma quatorzième année de suppléance et il ne m'était jamais venu à l'idée que l'on puisse tenter de s'évader d'un cours en appliquant le principe de façon littérale...

Les marches d'escaliers me conduisant à l'étage me paraissent de plus en plus difficile à enjamber. L'étourdissement m'enveloppe et mes jambes s'essoufflent. Un frisson me transperce. Désarçonnée, je conduis, sur le chemin du retour, en réfléchissant. Je ne me sens pas à ma place dans ce cadre. Pourtant, convaincue par l'homme que je fréquente, par toutes ces voix qui me disent que c'est ce que j'ai à faire, j'ai accepté d'ouvrir, pour une énième fois, la porte à l'enseignement. Il est lui-même enseignant et psychologue de formation, mais son horaire s'est décousu, il y a quelques temps, en apprenant qu'un cancer cohabitait avec lui dans son corps.

Dans la voiture, en ce moment, apprendre encore à apprivoiser la mort et l'enseignement m'épuisent. J'aimerais être ailleurs, dehors, là où je me sens bien, où je me sens le droit d'être, simplement...

LE PARALLÈLE

Le défi revêt un aspect différent en fonction de nos parcours, de nos choix et de la façon dont on fera évoluer ce qui nous importe, ce qui reflète les valeurs que l'on souhaite véhiculer, ce qui a une importance pour soi, en miroir avec les autres. Parce que je crois que nous grandissons tous et toutes non seulement à partir de nos apprentissages, mais également par le biais des expériences qui nous sont transmises, que ce soit à travers l'observation, le récit de celles-ci ou par le fait de s'y plonger. Peu importe notre domaine d'activité, on peut rencontrer ou générer le défi et faire le choix de naviguer avec ses composantes.

Lorsqu'on entreprend un défi sportif, qu'on en fait une aventure, on se donne le droit de croire en cette capacité, qui nous habite, d'aller un peu plus loin, à la rencontre de nos aptitudes, de nos forces, mais aussi de nos limites, de ces aspects de nous-mêmes qui méritent d'être considérés et avec lesquels on peut travailler pour continuer d'apprendre, de grandir et de s'épanouir. Un défi est une formidable opportunité d'aller à la rencontre de soi-même. Les paramètres peuvent être variables et on en retire toujours quelque chose.

Cette façon de concevoir une réalité ne se présente pas nécessairement comme une voie facile, mais elle offre une incroyable richesse. Il faut le vivre pour le ressentir, pour le voir, pour en être imprégné. Certains approcheront d'abord les défis en furetant, dans les livres, les récits d'aventuriers et d'aventurières ayant partagé leurs périples. D'autres en feront l'écoute, le visionnement et se sentiront, à leur façon, interpelés. Ici et là, sportivement ou autrement, ils font partie de nos vies. Ils nous entraînent vers le meilleur de nous-mêmes.

Billet

| École Montessori Orford

« A Sweet, Sweet Life Saver »

J'ai mentionné à plusieurs reprises, à mes étudiants, que l'art m'avait souvent sauvé la vie. Sans leur raconter, j'ai exprimé combien le fait de créer pouvait se présenter, parfois, comme un outil puissant.

Mine de rien, ce weekend, je suis tombée sur un article qui parlait d'un élève avec qui je partage mon quotidien, à l'école, cette année. Ça m'a retournée. J'ai terminé la lecture de cet article avec un gros sanglot dans la gorge et tout un tas d'émotions parce que je me disais que cette chanson, qu'il était en train d'écrire, avait une valeur inestimable. Elyjah — c'est son nom — ne se sent pas toujours extra concentré sur les tâches académiques, mais il y met de l'effort. Et cet élan, cette magie, dans ses mots, je l'ai trouvée bouleversante, surtout après avoir pris le temps de m'asseoir avec le récit du journaliste, avec les souvenirs des derniers mois.

En junkie de la bougeotte, je fais constamment l'éloge de la nature, de sa beauté, de la passion que j'ai pour la course, pour la montagne et pour les sports en général. Pour cette découverte, l'opportunité qu'on m'a donnée, récemment, de respirer avec la randonnée alpine au coeur. Je pense que le fait de bouger me permet de me sentir vivante, de l'apprécier et de grandir avec tout ce que ça implique. Et même si tout le monde ne le fait pas exactement comme moi ou comme l'autre, ce qui compte, c'est d'y aller. Si ça veut dire qu'on ne peut que bouger le petit doigt, fine! Si ça veut dire qu'on s'étire les pieds seulement, parce qu'on est en chaise roulante, fine! Si ça veut dire qu'on ferme les paupières, parce qu'on ne peut pas vraiment se mouvoir, ok. C'est déjà magnifique : on est là et on est en vie. Et si tu peux faire un triple saut arrière, après avoir couru et t'être élancé dans les airs, savoure-le, comme si tu clignais des yeux, pour une première fois.

En hypersensible, en intuitive, je relaye aussi de l'information quand, parfois, on cherche. Je me laisse porter par les sensations qui planent autour, par les regards, par les mots et par les émotions qui transpirent de partout. Je me dis que peu importe en quoi on croit, l'important, c'est de croire. En quelque chose. En quelqu'un. En soi aussi. Juste de croire. D'y croire. Chacun et chacune à sa façon. Parce qu'il y a toujours quelque chose, quelque part, qui résonne. Parce qu'il y a toujours quelqu'un, quelque part, qui écoute, qui entend, qui voit ou qui lit. Même quand on a l'impression d'être seul(e). Créer — Bouger — Croire

Dans l'ordre que tu veux. Ça s'applique à tout, dans tous les domaines.

Elyjah m'a rappelé, ce weekend, que ces mots ont un sens, une seconde après l'autre. On en fait des minutes, des heures, des jours et des semaines, qui servent à tisser une vie. Il n'y a pas que le trajet qui compte, mais bien la mécanique et l'émotion qui feront en sorte que celui-ci vaille la peine d'être entrepris. Et qu'on se rende jusqu'au bout ou qu'on bifurque en cours de route, il faut se rappeler que tous les chemins mènent à Rome. Avec de l'amour en poche, on peut aller jusqu'au bout du monde.

C'est comme ça qu'on écrit une chanson. Qu'on la court, à sa façon. Qu'on la vit.

Et puis, un jour, on l'enregistre. À toi le micro Elyjah.

On se rejoint, après la grammaire.

LA PERSÉVÉRANCE

« La persévérance est un choix. Toujours. Et lorsqu'on la choisit, on traverse les obstacles et on arrive à accomplir ce qu'on a rêvé. »

~ Mélissa Normandin-Roberge ~

LA PETITE HISTOIRE

Le printemps avançait. Je me déplaçais dans les sentiers, mes outils de marquage à la main, pour baliser le sentier national dans le secteur des Laurentides, au Nord de Montréal. Entre deux sessions de cours, j'avais choisi de saisir l'opportunité afin de me retrouver dans une forêt différente. Ma bedaine pointait au-devant. Elle annonçait une croissance qui me surprenait chaque jour, avec laquelle j'aimais partager le son des oiseaux, les airs de nature sauvage, la plénitude des espaces peu fréquentés. Je ressentais l'excitation de ces départs en territoire sauvage. Au petit matin, il faisait plutôt frais. Un lac, à proximité, nous accueillait alors que ses glaces avaient fondu depuis peu. J'ai le souvenir d'avoir eu conscience que chaque journée était unique et qu'elle ne reviendrait pas. Dans mon ventre, j'avais l'impression que l'Univers tout entier se remuait pour créer la vie. Un matin, allongée dans la camionnette qui nous servait de maison pendant le périple, j'avais reçu un appel. Le temps était doux. J'avais les yeux petits, paisibles, tranquillement en train de s'éveiller après *une nuit qui m'avait semblé tout à fait régénératrice. Tellement, en fait, que j'en étais impressionnée.*

On m'avait tendu un téléphone en me mentionnant que c'était urgent. À ce moment précis, je ressentais une paix lovée en moi. Le sentiment d'urgence me paraissait donc bien relatif. En saisissant le combiné qui m'avait été tendu avec empressement, scrutant au passage le regard des autres, je me souviens m'être dit qu'il se passait quelque chose. La voix de mon père, au bout du fil, semblait soulagée de m'entendre. Il essayait de me contacter depuis un petit moment déjà. En lui demandant ce qui se passait, j'avais la sensation que mon monde allait cesser de tourner, un instant. Le silence s'était fait bref, et, dans un seul souffle, il m'avait annoncé que mon frère avait décidé de mettre fin à ses jours. Son suicide avait été constaté peu de temps après son passage à l'acte. Les heures qui s'étaient écoulées entre l'effondrement de mon père, l'appel à ma mère, à ma sœur et la tentative de me retrouver, perchée dans les montagnes, ne m'avaient pas transportée dans des rêves obscurs. Momentanément, je m'en voulais. Parce que je ressentais ce genre de choses, à l'habitude. Puis, en absorbant la nouvelle, je m'étais surprise à penser que mon frère avait peut-être souhaité nous protéger, moi et l'ange qui poussait dans mon ventre, du tumulte découlant de son choix. Je ne pourrais jamais lui dire aurevoir. J'allais quitter mon havre de paix, ma nature, sauvage, affronter les temps de cérémonie, empreints de douleur, alors que je n'étais vêtue que d'habits forestiers et habitée par un bedon bien rempli.

Malgré l'étendue de la tristesse et de la douleur morale, la ferme impression que Jean-François, mon frère, avait pris soin de nous protéger du tumulte, prédominait. Ce jour-là, je me suis fait la promesse de toujours continuer d'avancer et de croire en mes rêves, mêmes s'ils pouvaient sembler absurdes ou impossibles à atteindre. J'y mettrais peut-être de nombreuses années, mais j'y arriverais.

Huit années se sont passés et Jean-François, tatoué sur l'omoplate de ma mère, m'a rappelé que la vie était bien fragile le soir où l'on m'a tendu le téléphone pour m'annoncer que ma petite soeur était partie, elle aussi. Ce soir-là, j'ai fait le choix de rester auprès de mes enfants plutôt que de sauter dans ma voiture pour aller identifier le corps d'Émilie. Ma mère y a été conduite, elle, et dans la perception de sa douleur, inconsolable, j'ai reconnu le souffle d'une vie dont je ne savais encore que des poussières. Mes enfants étaient en larme, en crise et moi, je n'arrivais pas à pleurer. Le travail était mon refuge et je construisais, encore, une forteresse pour mettre de côté ce qui allait, réellement, me demander de changer. Il y avait encore tellement de chemin à parcourir.

LE PARALLÈLE

J'aime cette façon de décrire la persévérance. J'ajouterais qu'il est possible que ce dont on rêve prenne une allure différente de la façon dont on l'avait conçu. Pour le mieux. J'ai l'image d'un oiseau qui ouvre ses ailes et qui, tout en usant de stratégie, se confie au vent. Ce qui implique qu'on fasse un geste, une action pour que les choses se passent. Pour avancer. Si on suit la tendance, je sais, d'ores et déjà, qu'il m'est bien plus facile de me mettre à penser et à penser, à me plonger dans une réflexion profonde plutôt que de m'élancer dans l'action. J'ai pris l'habitude d'enclencher l'action en ne me permettant pas de trop réfléchir. La formule n'est pas toujours gagnante, mais au moins, elle assure une certaine mouvance. Elle avance, surtout, avec une détermination que je souhaite conserver. En fait, plus je me permets d'être honnête avec moi-même, plus je réalise que je sais ce que je veux. J'ai simplement beaucoup de facilité à le mettre de côté au profit de tout ce qui me semble urgent.

L'urgence… le sentiment d'avoir grandi avec cette préoccupation et de me pendre à ses lèvres me titille encore. Comme si prendre le temps de bien respirer était un luxe. Comme si prendre soin de soin était un caprice.

Persévérer, c'est aussi se donner le droit d'être assez présent à soi pour continuer d'avancer en accord avec ce que l'on est, ce qui fait sens pour soi. Quand je persévère, je me dis que j'en vaut la chandelle. Que ce qui m'habite peut trouver sa voie et que le fait de l'embrasser m'aide à me construire. Que cela pourra peut-être, un jour, aider quelqu'un d'autre à en faire de même.

Me donner l'espace d'être celle que je suis, c'est entendre cette soif de nature, de créativité, d'aventure, de course en plein air. Sourire aux opportunités, y plonger corps et âme, me faire plaisir.

Billet

| **QMT, 110 km, Championnat Canadien d'ultra trail**

Quand les plans A, B, C et D ne fonctionnent pas…

Samedi le 29 juin, 3:45. Départ de la navette ayant pour mission de nous conduire en bord de mer. Nous sommes quelques-uns à prendre l'autobus, à cette heure bien matinale. À 4:45, les maisons colorées, l'air de la mer et la route asphaltée nous annoncent l'arrivée au point de départ. Nous sommes près de trois cents, apparemment assez réveillés, à heurter le sol avec nos pieds bien chaussés. C'est un matin relativement chaud et même si une petite pluie tombe, j'ai déjà l'impression que l'imperméable, aussi léger soit-il, sera superflu. Je prends le temps d'aller me dégourdir un peu, accompagnée de mon amie Anne et je croise plusieurs visages familiers. Les sourires de gens que je ne connais pas me font sourire en retour et je sens bien que c'est une aventure qui se prépare. Depuis bien longtemps pour certains. Pour l'heure, je me sens bien. J'ai choisi, en ce samedi un tantinet grisonnant, de prendre le départ du 110 km... huit jours après le choc ayant résulté en une commotion cérébrale.

Le départ est donné à cinq heures tapants. J'ai perdu Anne de vue. Du fond du coeur, je lui en souhaite toute une. C'est le genre de défi pour lequel on s'élance avec détermination, bien entendu, mais aussi avec la conscience que nos prédispositions en tous sens ont leur importance. À ce moment-là, je ne pense pas du tout au fait que je me sens fatiguée. Je me souviens avoir peu dormi au cours des derniers jours, mais je me rassure en me disant que ça arrive souvent, avant une course. J'ai hâte. Même si un départ sur route ne me semble pas palpitant, je meurs d'envie de découvrir « la trail », les sections typiques de cet environnement, les passages que je n'aurais peut-être pas empruntés autrement. C'est aussi le Championnat Canadien de course en montagne, ce qui implique une forme de « thrill », une belle occasion d'aller tâter ce qu'on peut donner, ce qu'on peut pousser. J'avoue avoir eu une crainte, considérant mon état, dans la semaine précédant la course, mais je me suis dit qu'avec ma nouvelle casquette, les bâtons de Luc et la montre qu'Anne m'avait remise, tout irait bien. Plusieurs personnes m'encourageaient, en pensée et un collègue coureur m'avait même remis du miel d'acacia, trésor de France. J'en avais vu d'autres. Alors pourquoi pas?

En chemin

Les quelques kilomètres de route s'écoulent, ma foi, assez rapidement. L'entrée dans le sentier ascendant se fait de façon

77

dynamique. Le focus : ma respiration et, surtout, trouver ma cadence. Pas celle des voisins. De ceux qui sont devant ou derrière. Mon monde. À moi. Il arrive que ce soit un exercice laborieux, mais je me débrouille plutôt bien aujourd'hui. La montée ne me paraît pas si longue et c'est avec vigueur que les quinze premiers kilomètres passent. Je sais que je ne cours pas au maximum de ma capacité, mais j'estime que c'est, déjà, un rythme qui me permettra de moduler et de tenir la route. J'arrive au premier ravitaillement avec une sensation de nausée qui se gère. Je me prépare à entamer la suite en avalant quelques quartiers d'orange. Je croise Blaise et Caroline, ce qui me fait parler et sourire un peu, puis je repars. À peine cinq cents mètres plus loin, je prends la décision de ranger mes bâtons pour la journée et de rattacher mes souliers, car la boue se fait *jasante*. En d'autres mots, elle aspire l'une de mes chaussures et semble me dire qu'il y en aura bien d'autres. Les sentiers sont magnifiques, même maquillés en brun. La végétation est aérée et tout semble vert, en hauteur. C'est une zone différente de mon habituel secteur d'entraînement et je l'apprécie. J'ai peu de souvenir du deuxième ravitaillement, comme quoi les choses vont bon train. Je parviens à accélérer et à m'émerveiller de ce que la mécanique corporelle, alliée à la pensée, peuvent créer. Comme les autres coureurs, j'avale les kilomètres avec plusieurs pelletées de boue, en alternance avec de l'eau. Chaque cours d'eau est une belle occasion de m'asperger et de repartir, rafraîchie. Les malaises persistent, mais je fais l'effort de mâchouiller quelque chose avec régularité. Ça m'ennuie. Le motto : y aller un moment à la fois et trouver, toujours, une raison de sourire. Mes jambes vont bien. Je croise, par moments, de petits groupes de coureurs et je gère mon eau juste comme il le faut. Je peux respirer, je découvre la nature et je pourrais même, en d'autres circonstances, me faire un masque de boue si l'envie m'en prenais! Il n'y avait pas de quoi se plaindre.

42,4 km. Troisième ravitaillement

Les patates me sauvent la vie. J'ai toujours aimé manger des patates, mais là, je me dis que c'est vraiment cool de pouvoir y avoir accès en pleine forêt. Je pense à mon ami Alex, qui m'a fait découvrir ces légumes en boites, l'an dernier, et je me dis que vraiment, j'aurais pu découvrir ça avant mes quarante ans! J'en mets même dans mon petit Ziploc de biscuits écrasés, en souhaitant que le tout ne se mélange pas trop en cours de route. En d'autres temps, j'aurais dit ouache, mais là, ça n'a aucune importance. Le seul point, c'est que je puisse continuer de tempérer les maux de coeur et d'avancer à mon goût. Direction : le ravito quatre, première station où rejoindre un *drop bag* (sac dans lequel on dépose du matériel et/ou des denrées voués à être utilisés à partir de ce point). C'est une section qui se complète assez efficacement et je rencontre encore plusieurs coureurs. Dans mon souvenir, je crois que nous commencions tous à être plus concis dans nos conversations. Mais peut-être aussi ai-je plus longuement couru seule, à ce moment-là. À quelques kilomètres du quatrième ravito, j'entends une voix derrière moi. Première croisée de filles depuis mon départ. Je l'encourage. Elle semble bien sérieuse. Je crois que le fait de voir mon dossard bleu la rassure — le sien est orange — et j'en déduis qu'elle a choisi de ralentir, car bien vite, je n'entends plus son pas. Le chemin est large. Éventuellement, je vois quelques personnes groupées de l'autre côté de ce qui me semble être une grande route. Je suis perplexe et je me demande comment faire pour traverser et les rejoindre. Puis, je vois un Monsieur qui me fait des signes en pointant vers la droite. Il faut descendre. Oh, yeah! Et oh! Surprise : mes souliers, recouverts de brun, se retrouvent plongés dans un tunnel d'eau et de roches. Il fait assez sombre, mais la fraîcheur de l'eau est salvatrice. Je m'en lance un peu partout, en continuant d'avancer. Puis je débouche sur une petite montée où je croise le regard d'Amélie, une coureuse avec qui j'ai eu la chance d'échanger quelques fois. Quand elle me demande si ça va, je m'entends dire quelque chose qui ressemble à pas tant que ça; trente secondes plus tard, alors que j'ai déjà filé, je réalise ce que je viens de dire et je me concentre sur la découverte du ravito, la rencontre avec mon sac, tout en espérant ne pas lui avoir fait peur. Mes choix alimentaires et pratiques effectués, je quitte rapidement la place, en marchant jusqu'à l'arche. En reprenant le pas de course, je sens que le mélange du melon d'eau avec de la soupe poulet et nouilles, au soleil, c'est plus ou moins *winner*.

Petit train va loin

Plein soleil, je longe la route en pensant au fait que la terre est bien sèche et que le passage est fort dégagé. Mon ami David m'avait prévenu, avant la course, en me disant qu'il avait trouvé cette section assez longue, mentalement parlant, l'an dernier. Je gère ma présence, ma respiration et je remercie la vie de sentir mes jambes en bon état. Pour la première fois de ma vie, en course, je ressens clairement que c'est le haut de mon corps qui est hypothéqué (je pense aux blagues à propos des joueurs de hockey...). Mais bon, j'en étais consciente au départ et je savais très bien que j'aurais aussi pu choisir de ne pas participer. J'en avais trop envie. Entre autres parce que ça me faisait peur. Alors je l'assume. Jusqu'au bout. Je discute un peu avec un coureur anglophone fort sympathique, qui semble bien apprécier le trajet et les québécois. Je ne connais pas son nom et je ne sais pas d'où il vient, mais j'apprends, en l'écoutant, qu'il est barbu, qu'il a cinquante ans et que ses amis le trouvent un peu fou de courir comme ça. Ça me fait rire. Éventuellement, il passe devant et trois autres gars, discutant de tout et de rien, forment un train avec moi pour les deux prochaines sections. J'ai l'habitude de courir seule et je ne me sens pas toujours confortable par le fait d'être entourée, mais leur présence, là, est assez réconfortante. Ils sont drôles et semblent vraiment apprécier leur parcours. Il pleut, la Mestashibo nous montre son visage et les escaliers se multiplient, mais c'est plaisant. On enjambe des arbres, des rochers, des rives (trois incroyables passerelles, je crois) et on avance. J'aime ça, même si j'ai mal. Je déplace mon attention et le temps passe. C'est particulier, surtout en ce moment. Les quelques kilomètres qui précéderont notre arrivée au ravito du Mont Saint-Anne — deuxième *drop bag* — me font penser à mon amie Anne, qui y finira son 80 km, comme l'un des gars qui court alors derrière moi. Je me dis que c'est un passage bien spécial. Presque la fin, pour eux. J'encourage tout le monde, en pensée, en souhaitant que les ondes naviguent aussi bien que la pluie.

Au pied de la montagne

79,5 km. Le troisième coureur de notre train s'en va vers sa ligne d'arrivée en me souhaitant une bonne fin de course et sa gentillesse me surprend, momentanément. Je me répète encore que tout ira bien. Sac de matériel (le fameux *drop bag*), fruits, chips, accompagnateurs et hamburgers. J'hésite quelques minutes à savoir si je tenterai ou pas de manger un hamburger. Puis, comme la cuisson tarde, je décide d'entreprendre l'ascension. Je n'ai pas d'accompagnateur alors j'y vais avec mes bâtons et beaucoup, beaucoup de moustiques. Je trouve étrange qu'ils soient aussi insistants malgré le fait que je ne sente pas bon du tout. Et puis, alors que je monte, je me souviens que j'ai une petite bouteille de baume pour les muscles, fabriqué par mon amie Chantale, naturopathe expérimentée. J'en profite pour m'en mettre sur les genoux, sur les bras, dans le visage et dans le cou. C'est miraculeux pour moi et dramatique pour les moustiques; ils disparaissent instantanément. Une petite victoire! J'arrive au sommet de la Crête. Tout en reprenant un pas de course, je repense aux différents plans que j'avais élaboré. Je me dis que malgré les difficultés, je serais vraiment heureuse de pouvoir être arrivée pour 20:30. Le moins bon scénario élaboré, selon ma préparation, me ferait dix-sept heures de course, et donc, une arrivée prévue pour 22:00. J'étais prête, selon moi, à toute éventualité. Curieusement, à partir de là, j'ai un peu l'impression de perdre le fil de mon estomac. Boire et manger deviennent vraiment une tâche en soi. Je ne sais plus trop quoi tenter, alors j'y vais avec parcimonie. Je me rends compte qu'il me faudra travailler là-dessus dans les prochains mois, car la gestion de cet aspect n'est pas irréprochable! Au septième ravitaillement (87,5 km), j'ai l'impression d'avoir oublié une montée sur le dessin du parcours que je me suis fait sur le bras. Ça fait rire les gars du ravito. Je reprends la course en ayant découvert le gingembre confit sur la table (une première de la journée pour moi). Ça calme un peu mon envie de vomir. Pour l'instant.

Entre deux abrupts

Les paysages sont magnifiques. Je revois les encouragements reçus, les pensées, mes enfants et je me dis que j'ai besoin de finir cette course-là. Pour eux et pour moi aussi. Je me dis que je me suis déjà retrouvée sur des parcours au dénivelé et à la distance plus imposants. Pourtant, là, là, celui-ci me semble beaucoup plus difficile. Je monte, je descends, je remonte et je redescends en me demandant combien de fois j'aurai encore à le faire. Je décide de lâcher prise sur mon temps d'arrivée, tout en me faisant la réflexion que l'organisation d'un tel trajet comporte quelque chose de masochiste. Je me dis aussi que c'est la faute à Jean Fortier, ce qui me fait rire. J'avance.

Les sentiers commencent à se faire plus sombres et j'envisage de sortir ma lampe frontale. Au bout d'un moment, je dois me rendre à la conclusion que celle-ci ne fonctionne pas. J'avance donc un certain temps dans la pénombre, puis je m'arrête en tentant de la faire fonctionner. Elle refuse, plus têtue que moi! Alors que j'ai vraiment besoin de m'arrêter pour profiter d'un arrêt toilette en forêt, quelqu'un apparaît. Je profite de l'offre d'un *lift* lumineux et je suis ce coureur-éclaireur tout en tentant de repérer l'essentiel avec la lumière de mon téléphone cellulaire (je ne le vanterai pas nécessairement à mes jeunes, mais oui, ça peut servir en forêt)! J'ai l'impression que nous sommes tous deux fatigués, ce qui me paraît relativement normal, outre les pépins de la journée, vu l'heure depuis laquelle on est en chemin. Le bleu-gris du ciel devient noir et la nature se fait calme. On entend nos pas et parfois, on croise une autre lampe frontale. Un autre coureur, lui aussi privé de lumière, se joint à nous. Éventuellement, il sera rejoint par sa conjointe, apparition soudaine en plein coeur de la forêt. Il est derrière moi et pourtant je ressens l'émotion lorsqu'il lui dit : Give me a hug. Je continue avec mon éclaireur et le dernier ravito, vraiment bien éclairé, se présente à nous. C'est un peu magique. Plus que dix kilomètres. On va y arriver. *By the way*, mon éclaireur me fait réaliser qu'on ne s'est pas présentés. Poignée de main de Sylvain à Isabelle et d'Isabelle à Sylvain. *Good to go*, après quelques Bretzels. C'est parti!

Noir longtemps

Dernière section du parcours, derniers moments pour me demander si j'ai encore envie de faire ça. C'est aussi la première fois que j'y pense, en course. Je crois qu'en cette journée bien spéciale, la fatigue accumulée des derniers mois, le manque de sommeil et la commotion des derniers jours commençaient à me faire peur. J'ai l'impression que Sylvain est un ange. On file, tranquillement. Je m'en veux un peu de ne pas pouvoir gambader dans les zones de *single track* comme je les adore, faute de lumière. Parce que rendue là, même si le coeur me lève et qu'une partie de moi trouve que ça n'a aucun bon sens, j'ai envie de finir en beauté. Résilience. C'est le mot qu'emploie alors Sylvain pour parler de cette expérience. Ça me fait vraiment, vraiment sourire, parce que c'est un terme qui ressort beaucoup, dernièrement, quand je discute avec des gens. Dans la vie, je me dis toujours que je m'adapte. Ça me tient. C'est ce qui fait que je suis encore là. Alors j'imagine que c'est valide pour la course aussi. Un pas devant l'autre. Selon mon compagnon de trail, on sera arrivés pour minuit. C'est bien largement dépassé toutes les éventualités envisagées au préalable, mais c'est la réalité. Le bon point : on va y arriver… dans le noir, les pieds mouillés et perdus pendant quelques secondes, parfois. Les kilomètres avancent. Je reconnais les sections du parcours de 50 km d'il y a deux ans. Je me rappelle du son de l'eau. J'avais oublié, par contre, les petites montées, mais c'est peut-être une bonne chose! Ça serpente. Sylvain trouve que ça tourne longtemps. On y est presque. Les deux pieds dans le courant d'eau, on traverse. Puis, peu après, on retraverse. On grimpe là où il ne faut pas; on redescend, pour prendre le bon chemin. Il me semblait que c'était dangereux, aussi! Un coureur nous indique la bonne voie. Alleluia : moins de trois kilomètres!

Chemin pavé

Juste avant d'emprunter la petite colline qui nous mènera à la ligne d'arrivée, on débouche sur un chemin/ponceau pavé qui m'est familier. Il n'a rien d'exotique ou de bien exaltant, mais il y a quelque chose de symbolique dans le fait de le fouler, encore une fois, à la course. J'ai l'impression que la fin est porteuse d'émotion. Je nous encourage. Son pronostic était vraiment bon : minuit approche, d'ici quelques minutes. On entend des voix au micro. J'ai un petit trémolo. Momentanément, je ne sens plus la douleur; ce qui me paraissait comme interminable vient de fondre, dans l'immédiat. Je n'ai jamais franchi une ligne d'arrivée à deux. J'entends Anne, Sébastien et l'animateur. L'arche et le tapis sont là. Je soupire. Sur le coup de minuit, j'éprouve une immense gratitude pour Sylvain, qui m'a proposé de le suivre, jusqu'au bout. Pour Anne et Sophie, qui étaient encore au fil d'arrivée, à cette heure tardive. Pour Chantale et Richard, qui m'ont préparé un lit juste au pied de la montagne. QMT 110 km : une course comme je ne l'avais absolument pas planifiée, mais qui m'aura beaucoup, beaucoup appris. Enfin, Jean Fortier avais raison : un accompagnateur peut être une excellente idée!

LA DIRECTION

« Lorsque l'esprit, le coeur et la volonté d'agir sont en harmonie, rien n'est impossible. Sois simplement toi-même. »

~ Rig Veda — Jay Shetty ~

LA PETITE HISTOIRE

J'étais de retour à Québec, la ville-phare. L'ayant désertée entre deux choix de programme auxquels s'était ajoutée l'hospitalisation, j'en gardais un souvenir mitigé. J'avais quitté les communications pour me plonger dans les programmes d'arts visuels et de création littéraire, entamés à Trois-Rivières, entre deux saisons. En cours de route, les rencontres de l'événementiel, des nuits blanches accrochées à mes semaines et de celui qui me conduirait à opter pour un retour dans le grand village s'étaient succédées. Ma soeur, de presque six ans ma cadette, avait hérité de ma voiture : je lui en avais fait don en mentionnant que je comptais me déplacer à pied, toutes saisons confondues, peu importe le nombre de volumes ou de matériel créatif que j'aurais en main. À cet instant précis, dans la conscience du moment, j'ai le sentiment de prendre une nouvelle direction, mais je n'ai aucune idée de la destination. Y songer ne me permet d'entrevoir que le vide.

Creusés, les cernes qui encerclent mes yeux me rappellent que le sommeil m'échappe encore. Ce soir, accoudée au matelas longeant le mur, une onde électrique semble marquer mon corps par sa tension. J'ai mal jusqu'à l'ossature, mal à la tête et je me demande comment j'arriverai à fermer l'oeil. Les heures passent, agitées. Lorsque la lumière se met à filtrer par la fenêtre, mon corps me paraît bien lourd. Mes paupières se contractent. Le petit matin m'apparait comme une prolongation, un quart de travail qui s'allonge au-delà de la barrière des vingt-quatre heures. La migraine se lève et je n'ai pas vraiment de mots pour excuser ou pour tenter d'expliquer ce que je ressens. Je ne suis pas seule, et pourtant, j'en ai l'impression. Emmurée, peut-être, dans un gouffre peuplé d'éclairs de douleurs, calfeutrant les trop-pleins. À table, j'hésite à manger, craignant d'aggraver la situation. Maintenant, le vertige danse avec la migraine et me rappelle que je ne suis pas en contrôle. J'ai perdu... Pour l'instant. Avec un soupir, je monte à ma chambre et j'enfile une tenue de sport, puis mes espadrilles.

J'ai vingt-trois ans. Vingt-trois ans et la tête qui éclate. Vingt-trois ans, à reprendre mon souffle, ici, le temps de franchir la porte. Le Vieux Québec est dehors. Je respire et j'avance, au pas de course. À la maison, la course n'est pas un sport. Dehors, c'est le mien. Celui où, entre deux respirations bruyantes, je pousse au loin les éclairs, la migraine, la douleur. La ligne en hypertension qui me scie en deux. En trop. Courir pour vivre. Vivre pour un jour courir plus loin, plus librement, lorsque ma routine ne sera plus celle du Vieux. Je veux bouger. Bouger encore et saisir à bras-le-corps tout ce que le monde peut offrir. Avec la sensation qu'il me manque quelque chose : une réelle direction. La mienne. Celle qui fait sens.

LE PARALLÈLE

Faire le choix du trajet que l'on empruntera, gérer ses priorités, établir un plan à même lequel bondiront les imprévus et les urgences font partie de ces composantes qui composent la direction qu'est la nôtre.

En ce qui me concerne, le retour à l'entraînement et à la course se sont produits de façon progressive. On m'a souvent dit que la clé de tout processus était la constance. J'y crois. Très fort. Pour certains, le choix de s'engager dans un parcours de longue distance peut sembler un peu fou, mais, au-delà des chiffres et des kilomètres que l'on accumule, il faut se dire que c'est un choix que nous faisons parce que nous aimons réaliser de tels projets. Parce que nous ressentons cet attrait pour les sports d'endurance, mais aussi le plaisir de vivre d'une cadence, d'un regard posé sur ce qui nous entoure à plus long terme. Cet engagement est propice au dépassement, à l'exploration de ses limites, à réaliser des performances pour certains et, pour la plupart, à apprendre à mieux se connaître, à jongler avec ce que l'on vit, ce que l'on ressent. Ce faisant, on touche à l'importance d'écouter son corps, son coeur et sa tête pour induire, peut-être, cet état que l'on appelle l'harmonie intérieure. L'équilibre. Et au passage, une conscience accrue de l'environnement qui nous entoure.

Se pencher sur la direction qui sera la nôtre, c'est aussi se questionner quant à ce qui résonne, à ce qui vibre pour soi. Lorsque je me penche sur un projet de course, j'ai envie de le faire avec l'idée du sens qu'il aura pour moi, pour d'autres, peut-être aussi. Choisir une direction, c'est faire sens avec ce qui nous habite, ce qui nous construit. Et j'ai l'impression, particulièrement en ce qui concerne les épreuves de longue distance, que l'idée de croquer dans l'intensité de l'expérience, son caractère particulier, ce qu'elle a d'unique, mène à savourer la vie avec simplicité. On y trouve, inévitablement, un brin de philosophie, ne serait-ce que par le caractère que ce genre d'entreprise revêt.

Le monde de l'ultra gagne encore en popularité. Les débats sont ouverts sur la pertinence de vouloir parcourir toujours plus long, plus longtemps ou encore sur celle de « courir moins pour courir mieux. » Ces deux approches offrent des perspectives et des horizons différents, lesquels ont leur valeur, leur importance. Tout comme ces moments de repos qu'il me parait facile d'oublier. Ainsi, l'ensemble que composent ces dimensions nous construit, nous rend plus forts et il conduit à accueillir la vulnérabilité par moments. La direction, qui guide l'action, devient vraiment productive et rentable lorsque les temps de repos sont aussi pris en compte. Nous avons besoin de repos. Nous avons besoin de sommeil. Ce qui revient à se laisser être et se reposer pour faire de meilleurs choix, mais aussi pour mieux performer lorsqu'on l'entend. Pour mieux se diriger. Le cas échéant, le risque est grand d'en venir à s'éloigner d'un objectif, d'une performance ou de l'énergie créatrice, qui propulse, engagées lorsque nous bénéficions de ces moments de repos. À la vie comme à la course. D'autant plus qu'en course, le repos est égal à quelques minutes d'immobilisme et bien souvent, celles-ci se meublent si rapidement qu'on ne les voit pas passer...

Billet

| Ile de la Réunion

Quand les étoiles étaient accrochées au Maido

Seule, j'avais prévu y mettre entre 32 et 40 h.
Ensemble, nous en avons mis 49. J'ai appris que la
résilience, c'est aussi permettre à l'épreuve de revêtir
un sens qui nous dépasse et qui enveloppe le Tout.

Le départ allait être donné dans moins d'une heure à St-Pierre. Il s'en était déjà passé deux, pendant lesquelles nous nous étions presque assoupis, allongés sur nos boites en carton. Les musiciens faisaient rouler les notes avec leurs voix, utilisant leurs instruments, rendant palpable l'ambiance festive. La fébrilité se faisait sentir, dans l'air, comme un parfum qui ne pouvait pas passer inaperçu. Je n'apprécie généralement pas les foules, mais celle-ci avait quelque chose de particulier. Intrigante et rassurante à la fois, elle nous rapprochait, à chaque minute, du départ de la course... De cette Diagonale des Fous.

L'attente

Pour la troisième fois en deux heures, je sors du cabinet de toilette posé, en cette occasion, dans le sas de départ. Je n'ai pas entendu le mouvement de masse, alors que j'y étais cloîtrée. Je cherche, du regard, les guerriers de mon équipe. Ils ne se trouvent plus là où j'avais laissé mon sac. La plupart d'entre eux se sont évadés vers l'avant, en suivant la foule, prête à partir. Quelques-uns sont restés sur place, surpris par le déplacement. Aussi, je ne me trouve plus au milieu de cette vague de gens qui vibrent de chaleur, mais plutôt vers l'arrière. Il faut savoir que ce soir, nous sommes près de 3000 à prendre le départ. Calme, mais un peu dépitée de me retrouver ainsi positionnée, je me tiens debout, aux côtés de Jean-Nicolas, l'un des membres de l'équipe des Guerriers du Grand Raid. La vague se met à bouger. J'ai hâte de me retrouver en forêt. Je veux courir, seule, comme une bête sauvage à qui on aurait présenté un terrain à explorer.

L'arche et la foule

Les gens piétinent alors que, tranquillement, l'arche se rapproche. Il fait chaud. L'air me semble humide, rempli de tous les espoirs, de toutes ces visées et des images que chacun s'est forgé avant de se retrouver ici. J'aurais aimé être devant, mais je n'y suis pas, alors je fais la paix, intérieurement, sentant le désir de courir grandir à chaque pas. Un son retentit et on peut capter un déplacement au-delà de l'arche. Certains sont désormais partis. Je me faufile d'espace en espace. Lentement, la vague bouge et mon pas peut prendre un rythme légèrement plus rapide. Je saisis toute occasion de me faufiler et je me prends au jeu. La fête semble s'étendre bien au-delà des barrières et tous avancent au son des cris, des encouragements et des sourires qui fusent de toutes parts. Il fait nuit. Vingt-deux heures avancent et je me vois, alors que ma foulée s'allonge, croiser une foule de gens au cours des premiers quinze kilomètres. Je me sens bien. Excitée par l'ambiance, par ma volonté d'avancer, par le défi que j'ai tellement anticipé, j'apprécie chacun des moments qui me permettent de courir plus librement. Je doublerai, au final, près de 1500 coureurs dans ce chemin vers la montée.

En direction des ravitos

La première petite ascension se fait assez rapidement. Plusieurs marchent, car le dénivelé se fait sentir, mais je ne m'y résous pas, comme je me sens toujours portée par l'élan de cette nouvelle nuit. Je réalise, éventuellement, que les coureurs s'espacent et que l'air se fait plus frais. J'ai envie de découvrir et de découvrir encore tous les pans de cette noirceur, tous les secrets que j'ai eu l'impression de percevoir dans les bras de la Réunion depuis mon arrivée. Le Domaine Vidot, premier ravito, se présente comme un passage obligé à l'intérieur, lieu où je remplis rapidement mes gourdes, avec l'aide d'une charmante dame. J'en ressors tout aussi promptement, entamant une petite descente en « single track », ralentie par le flot des coureurs, eux-aussi ressortis du bâtiment avec une évidente mouvance.

Des trains se forment le long du trajet et je me concentre sur les pieds qui se posent devant moi, à l'affût d'éventuelles opportunités de passage. On roule ainsi jusqu'à Notre-Dame-de-la-Paix, deuxième arrêt pour les contrôles et le ravitaillement. Portions de route, de sentiers et de ce qui semblent être des champs se succèdent. Je ne vois pas au loin, mais j'ai l'impression de comprendre que le temps se fait de plus en plus froid pour plusieurs, compte tenu du fait qu'on gagne, progressivement, en altitude. Les terrains présentent toutes sortes d'échelles à enjamber, de tournants et de surprises qui forment de petits bouchons de coureurs à intervalles réguliers. Je réussis tout de même à accélérer et je me retrouve, en pleine nuit, à courir allègrement sur un sol où commencent à se dessiner des nappes de frimas, accompagnées par nos souffles, lesquels forment des nuages blancs. Il fait de plus en plus froid. J'en suis surprise. J'ai aussi l'impression de sentir une pulsation veineuse qui grandit et qui s'étale dans ma tête. Comme un étau, une douleur s'installe. Je continue d'inspirer et d'expirer, mais je ne ralentis pas. Je revois l'impact ayant mené à la commotion cérébrale du mois de juin, une blessure ayant mis en jeu la saison et l'entraînement. J'ai lutté pour courir, au cours des derniers mois. Pas question de baisser les bras.

Nez de boeuf (km 38,6)

Je cours, depuis un moment, avec cet étau me serrant la tête. La nausée s'est installée et les étourdissements semblent me demander d'inspirer et d'expirer un peu mieux. Je progresse jusqu'à l'aire du Nez de boeuf, là où tous les coureurs semblent chercher la chaleur. Comme un soir de novembre, chez nous, ce moment me paraît particulièrement saisissant, surtout en fonction du fait que nos vêtements ruissellent de sueur et que peu d'entre nous aient déjà enfilé leurs vêtements chauds. Je tente d'aller récupérer un café, en mode express, mais mon corps hurle sa douleur. Je vois, du coin de l'oeil, une tente où sont alignés des lits de camps, habillés de couvertures laineuses orangées. Je n'ai pas l'habitude de m'arrêter, en course, mais j'y entre. Les infirmières semblent inquiètes. Elles m'offrent des anti-douleurs. Quelques minutes seront consacrées au repos. Mes doigts se transforment en glaçon. La décision de repartir est prise, me sortant de la couverture, assez péniblement, alors que les frissons me prennent d'assaut. Le personnel soignant semble douter de ma capacité à quitter les lieux, alors je m'active, en grelottant comme un poulet qu'on aurait plongé dans la neige. La nuit avance. Un mouvement reprend cadence avec la ferme intention de me réchauffer et je me remets en action, un pas devant l'autre. L'espace est occupé, mais j'ai tout de même la liberté de bouger de façon relativement aisée. Pendant que mes doigts se réchauffent, je me concentre un peu moins sur la douleur et la nausée qui perdurent. Je me dis que ça ira. J'avance jusqu'à Mare-à-boue, le point de ravitaillement qui s'éclaire au petit matin. Quarante-huit virgule neuf kilomètres sont complétés.

Une fois le point de contrôle passé et le remplissage effectué, je poursuis, toujours étourdie, vers ce qui devrait normalement se présenter comme une portion de sentier plutôt décorée par la boue et jonchée de pierres de toutes tailles. Technicité et espace restreint obligent, les coureurs se retrouvent cordés, comme des guimauves en tige, le long du trajet. Tenter de doubler s'avère parfois hasardeux, mais on y parvient, en général, de façon convenable. Certains plongent dans la boue, faute d'observation, et je constate qu'il y a toujours une voie improvisée pour le contournement. On n'en sort pas les pieds propres, mais je crois que tout le monde s'y attend, de toute façon! J'oscille entre la douleur au niveau de ma tête, la nausée et les étourdissements, alors que je continue d'avancer. Je réalise que je n'y prends pas beaucoup plaisir, momentanément. Les voix étrangères, qui se multiplient en raison du ralentissement évident, me font l'effet d'un vent froid. J'aimerais, juste là, entendre une intonation qui m'est familière. Le temps s'étire. Puis Benjamin, un guerrier de l'équipe, me croise et me salue. Ça me fait sourire. Les temps de passage que je m'étais fixés ont été augmentés d'une heure. Le jour continue de se lever et moi, je trottine vers Cilaos.

Cilaos (km 65,3)

La région de Cilaos et les abrupts, lesquels commencent à se faire impressionnants, marque les regards par sa végétation luxuriante, par ses villes et villages dissipés, comme des hameaux, au loin, dans le Cirque de Mafate. Les piétons se retrouvent aussi sur la montagne, accompagnés d'enfants, de poupons et même de petites chèvres! Les coureurs circulent comme la lumière du jour, à grands renforts de fluidité. Certains descendent plus rapidement que d'autres et leur intrépidité me surprend parfois. Le lieu est magnifique; j'y volerais bien, mais j'avoue avoir une certaine réserve quant à ma vivacité d'esprit, en l'occurrence, alors je me retiens un tantinet. Je croise un visage connu, Benjamin, à nouveau, et le simple fait que ses doigts effleurent mon bras me rassure. J'ai mal, mais mon corps existe toujours. Alors je continue d'avancer. Le soleil se fait de plus en plus chaud et me rappelle que j'aime l'été, la chaleur, la lumière. Des détails qui comptent, dans l'instant. Des bénévoles sont en position sur le tronçon qui mène au stade, l'un des gros ravitaillements sur le parcours. L'équipe des Guerriers du Grand Raid est attendue un peu plus loin, le long de la route, sous une tente militaire. En effet, exceptionnellement, les militaires, assistés de professionnels de la santé, nous accueillent en quatre endroits différents, le long de ces 166 km à parcourir. Cilaos est le deuxième d'entre eux. C'est, pour moi, le lieu où j'arrive à la conclusion qu'il est impératif que j'envisage ma course autrement. Je ne me vois pas me tordre de douleur pendant ces 166 km. Encore moins continuer ma progression dans le Cirque de Mafate en passant par le Taibit, puis Marla et risquer l'ascension du Maido dans un état un peu vacillant. Se présentent alors deux options : songer à abandonner ou ralentir pour avancer un peu plus prudemment. Alors que j'entre sous la tente et que je me dirige vers mon sac, j'aperçois Jessy.

Jessy habite dans ma région et pourtant, on ne se croise à peu près jamais. J'ai eu l'opportunité d'échanger un peu avec elle avant la course et je sais qu'elle le vit d'une façon qui lui est propre, harmonieuse. Je propose, spontanément, un départ partagé. Chacune se prépare et Benjamin, qui nous a rejointes, décolle avec nous. Je ne pense plus à me rendre au prochain ravito, mais plutôt à y aller un moment à la fois. Une nouvelle ascension se tient debout, devant nous, et on y saute, un pas après l'autre. J'ai le rythme de ce nouvel instant qui me tenaille, qui me ramène à la seconde près. Benjamin file devant, porté par le soleil. Je sais qu'on ne le recroisera pas et j'ai presque envie de le suivre, mais je me dis qu'il est impératif que j'écoute les signaux de mon corps. Respirer. Prendre le temps de me recentrer. Constater que la présence de Jessy est comme celle du Bouddha, paisible, forte et constante. Je n'ai ni l'aisance ni l'habitude de partager un trajet de course avec quelqu'un d'autre. À l'exception du 110 km de juin dernier (Québec Méga Trail), où j'ai croisé Sylvain Rioux, marquée, depuis quelques jours à peine, par une commotion cérébrale. Curieuse coïncidence, dans des circonstances un peu similaires, qui me rappelle que les derniers mois ont été assez particuliers en termes de santé et de conscience, au sens large.

De Marla à l'école de Roche Plate

Jessy et moi arrivons à Marla avec le sourire aux lèvres, la vessie plus que pleine et un grand besoin de nous ravitailler. Marla est un havre de couleurs et de ce qui semble être une paix montagneuse, dans le creux de toutes ces montées, de tous ces cols et de ces pics que compte le Cirque de Mafate. Marla, c'est près de 78 km parcourus dans les hauts et dans les bas de la Réunion. Elle se présente aussi comme l'un de ces points où l'on se dit qu'il ne sera bientôt plus possible de faire marche arrière : plonger dans la profondeur du Cirque implique d'en ressortir. Et je ne sais pas encore, à ce moment précis, à quel point il est pertinent d'y penser. Marla, enfin, est aussi le lieu où l'on croise Jean-Nicolas, un autre collègue Guerrier. Il s'est affaissé, rongé par la douleur et la fatigue. Émotif, comme il vient de recevoir un message de ses enfants, il nous salue et nous partage sa réflexion quant à la possibilité d'abandonner. Le vent de la synchronicité souffle un peu fort et c'est porté par lui que Jean-Nic remet ses souliers pour continuer avec nous. Mes émotions sont partagées. Je me sens nourrie par le fait de découvrir qu'on peut cheminer ensemble, tous les trois, mais aussi insécure face à ce que cela peut représenter comme défi. Enfin, le temps passe toujours alors que la forêt continue de se développer devant nous. La noirceur croît tranquillement, annonce d'une nuit bien particulière. Dans mon optimiste circonstanciel, je fais une erreur de calcul et le ravito de Grande-Place-les-Bas me semble encore beaucoup trop loin. J'aimerais pouvoir courir à en perdre haleine. Mais cette fois, j'apprends à être à l'écoute de celui et de celle avec qui je partage les sentiers aussi. J'ai peur de me présenter au fil d'arrivée beaucoup trop tard. J'ai peur de ne pas réussir à garder les yeux ouverts.

C'est, je crois, un espace de lâcher prise de tous les instants. Ça occupe le mental. Je ne sens alors plus l'étau qui me serre la tête. Une deuxième nuit annonce la contagion des petits yeux et des airs fatigués. On croise, en bordure de sentier, sur le pas des falaises, dans les petits creux, des coureurs qui se sont assoupis sous leur couverture de survie. L'espace est restreint, mais toute ouverture est valide pour reposer, ne serait-ce que quinze minutes, un corps qui peine à avancer. Les visages découverts, endormis en deux secondes, m'émerveillent par leur beauté. Éventuellement, Jessy, Jean-Nic et moi songeons à faire de même. Derrière une petite halte, quelques corps sont déjà allongés. On s'installe et je sors, rapidement, la couverture de survie que mon amie Anne m'a prêtée pour l'occasion. En la dépliant, je me dis que je l'aime, profondément : la couverture est en fait un sac de couchage fermé, qui me permet de m'immerger au complet, à l'abri du froid. De nous trois, il n'y a que moi qui parviens à dormir. Vingt minutes passent. Puis, d'un bond, je plonge à nouveau dans le froid (sortir d'une telle couverture donne la sensation de s'extirper d'un sac de plastique humide et donc, d'être légèrement mouillée). Nous repartons, lampe frontale active, vers ce qui se présentera comme la montée la plus épique de la course. Maido, à ton approche, je ne sais plus trop comment je me sens.

Les *étoiles* et le *Maido*

Nos regards s'étendent au loin. De toutes parts, d'énormes pics s'élèvent. L'impression d'être aussi grande qu'une fourmi n'est pas exagérée. Ce serait un euphémisme de dire que nous sommes maîtres ici. La nature est grandiose, même plongée dans une obscurité assez complète. Plus on avance, plus les lampes frontales se dessinent au loin. On en voit des séries à gauche, à droite, qui montent et qui descendent en suivant différentes trajectoires. Il est assez particulier d'observer celles-ci en pensant qu'on est passés par là et qu'on aura à se rendre à cet autre lieu. Les lumières se répandent comme une danse dont les ailes s'ouvrent au passage des corps qui l'animent. C'est majestueux. Et un peu surréaliste aussi. Les éclats lumineux semblent porter si haut, si loin que j'ai l'impression qu'il s'agit d'étoiles. Des étoiles accrochées au Maido. Jessy et Jean-Nic éclatent de rire; mon imagination est fulgurante. C'est un bon point. Les descentes font place à une ascension continue. Je ne vois que des lampes, toujours, qui avancent et qui avancent. Chacune des marches, chacun des rochers est palpé et se dessine, comme une surprise, devant nos yeux. Je me sens vraiment étourdie. J'ai peine à contrôler ma posture et j'ai l'impression que l'effort demandé pour continuer d'avancer est considérable. Je respire, mais j'ai le souffle court. Mon visage est peut-être aussi blanc que la lumière de ma frontale. Jessy me demande de marcher devant et je lui emboîte le pas, incertaine. Je ne pense même pas à regarder ma montre. Le moment est particulier.

Les coureurs, devant et derrière nous, font la file, mais personne ne semble songer à effectuer un dépassement. On entend les souffles comme s'il s'agissait d'hymnes officiels, cruciaux, dans l'instant. La paroi est bien étroite et on ne peut observer le vide, mais chacun sait qu'il se trouve tout près, à côté de nos pieds. C'est, probablement, l'un de ces moments où l'humilité du coureur est répandue et intégrée par tous et toutes. Il n'y a aucun espace pour l'orgueil. On inspire et on expire les uns à la suite des autres. Je vacille. Comme je semble tendre vers le vide, Jessy m'intime de coller à la paroi. Encore quelques pas. Puis, l'école de la commune de Roche-Plate s'annonce. Elle est située à mi-parcours sur le chemin du Maido. Soupir de soulagement généralisé. Des gens de tous gabarits sont allongés tant sur la brique que dans les marches, sur la terre ou sur les lits de camp. L'espace est rempli de coureurs qui ont chaud et froid à la fois. On s'active parce que demeurer sur place présente un risque d'hypothermie. Je ne sais plus quoi manger et je n'ai pas envie de boire, mais je fais un effort. Quelques biscuits secs, un peu de chocolat noir et une tentative de café, qui se solde, finalement, en gorgée de Coca Cola. Et c'est reparti pour la deuxième portion de la montée du Maido.

À *deux pas du vide*

Au coeur de la deuxième nuit, tout semble se dérouler au ralenti. Il n'y a aucune autre solution que d'avancer encore. Quelques personnes passent devant, mais elles sont généralement rejointes assez rapidement, car plusieurs prennent un petit temps de pause entre les paliers. L'inclinaison semble importante. La rareté de l'air se fait un peu sentir. Muette, toujours vacillante, j'avance. Jessy et Jean-Nic aussi. J'entends ce dernier, qui souffre de fatigue, exprimer son besoin de repos. Quelques micro-pauses nous aident à continuer. Je me dis que je n'aurais peut-être pas eu la sagesse de m'arrêter si j'avais été seule à franchir cette section. Je pense à mes filles. Je m'en veux un peu d'avoir ralenti. D'un autre côté, je constate que je ne crains pas la chute. Je me demande si c'est normal ou si la peur de la mort n'est simplement pas présente. J'apprendrai, plus tard, que le fait que je tangue, sur le bord de la paroi, était plutôt inquiétant pour Jessy et Jean-Nicolas. Et comme on n'a qu'une vie dans cette vie...

Le sommet

Notre trio est entouré d'autres coureurs pendant toute la durée de cette deuxième portion d'ascension. C'est une montée qui continue d'être exigeante pour chacun et on peut entendre, de temps à autre, un « putain » ou « ah, non » en réaction à la distance qu'il nous reste encore à parcourir. J'ai l'impression que le temps s'étire. Puis, tranquillement, on voit une lumière poindre entre les pics des montagnes. Alors qu'on atteint le sommet du Maïdo — 112,9 km, les premières lueurs du jour, dégagent leur chaleur et se répandent. Jessy et moi apercevons Caroline, armée de sa caméra. Un sanglot pousse dans ma gorge. L'émotion est forte. J'ai l'impression de voler avec les premiers rayons de soleil et j'ai envie de courir, sans arrêt, jusqu'à l'arrivée. Quelques kilomètres plus loin, la tente militaire m'apparaît comme un cocon où l'on est accueillis et pris en charge à la fois avec douceur et efficacité.

Le départ se fait sous une chaleur réconfortante. Je me sens choyée d'être si bien entourée et pourtant, il me coûte de devoir ralentir. Jean-Nicolas ressent une fatigue considérable. Je dois admettre que c'est aussi mon cas — j'ai tendance à entrevoir des objets qui ne se trouvent pas vraiment là où je les observe — mais je ne peux m'empêcher de ressentir le feu, au-dedans. Jessy et moi prenons un peu d'avance, puis on ralentit. Les prochaines heures seront peuplées de ces moments alors que Jean-Nic commence à se sentir de plus en plus mal en point. Son teint change et l'énergie, vraisemblablement, s'éteint. J'ai peine à me contenir, mais je tiens à soutenir les autres qui, en ce moment, ont besoin de cette présence. Je trotte et je m'arrête, à répétition. Les buttes se succèdent. Quelques sommets aussi, offrant des points de vue variés, une végétation qui se transforme et de petits lieux de prière, plantés ici et là.

Je transporte, depuis St-Pierre, une pensée pour mon ami Dominic et pour son père. À l'approche d'un petit autel, orné de messages et de fleurs, je prends, dans mon sac, cette pensée. Je m'approche et je l'y dépose, là, sur l'un des sommets du Cirque de Mafate. Un sentiment de paix m'envahit. Je respire. Et je reprends la descente en me sentant vivante; j'ai encore envie de voler. Puis je ralentis; je m'adapte. La journée ne fait que commencer et j'ai déjà, au coeur, l'impatience d'arriver à St-Denis.

En route vers l'Islet Savanah

La descente se poursuit lentement, tout comme l'évolution du malaise de Jean-Nicolas. L'approche de la région de l'Islet Savanah se fait sous une chaleur croissante. Le paysage se dégage et la région, qui devient de plus en plus habitée alors qu'on avance, offre des paysages un peu désolants. J'ai l'impression de découvrir un de ces pans de pays qui souffre peut-être davantage de la pauvreté. Des déchets jonchent le sol et les espaces semblent plus ou moins entretenus. Les locaux, eux, nous sourient, encore, avec enthousiasme. Ils nous applaudissent et nous encouragent en nous appelant par nos noms, créant une atmosphère de familiarité qui semble propre à la Réunion. Difficile de ne pas sourire en retour! En cherchant du regard les mains qui pointent dans la direction du ravitaillement de l'Islet Savanah, je peux voir qu'il est assez urgent qu'on y arrive : Jean-Nic m'inquiète. Une fois sur les lieux, on tente de trouver un espace plus frais pour lui permettre de se reposer. Son teint est verdâtre. Tentative d'ingérer nourriture et boisson s'ensuivent. J'en profite pour m'assoupir pendant quinze minutes, car tout tourne autour de moi. La chaleur de l'air est presque étouffante. Le réveil est marqué par un caucus rapide. Je me demande si nous serons tous les trois capables de tenir sur nos pieds. On en est au 128ème km et il nous en reste encore quelques-uns à franchir. La décision de repartir, groupés, est prise. La priorité :

sortir de la ville pour retrouver un peu d'ombre et de fraîcheur avec la végétation.

Single track endiablé

Le trajet qui mène au prochain point de contrôle, le Chemin Ratineau, se présente comme un passage secret dans les sous-bois entourant la localité. Des descentes folles, auxquelles on s'accroche aux lianes des arbres et où la poussière lève, me remplissent de joie. Je plane et je sautille sans réfléchir. Je balance en attrapant un tronc qui ploie et qui me permet de continuer sur ma trajectoire. Ces quelques kilomètres défilent furieusement. Jessy est devant et Jean-Nicolas suit comme il le peut, à l'arrière. On arrive, en trombe, au point de contrôle, duquel on repart en prenant la décision d'y aller chacun à notre rythme, pour les deux prochaines sections, tout en s'attendant aux ravitos, histoire de se retrouver. Du Chemin Ratineau à la Possession, le sentier est dégagé. Les coureurs se font plus espacés et il est facile de progresser. À la Possession, j'observe des nids d'oiseau suspendus à l'envers. Je me dis que le monde est sans dessus dessous. J'avais planifié et vraiment anticipé cette course, son voyage, mais je n'avais pas prévu ce que j'étais en train de vivre. Mes émotions sont partagées, teintées par la fatigue accumulée, je crois. J'éprouve une énorme gratitude pour Jessy et Jean-Nicolas et, en même temps, je réalise que je suis déjà en train de penser à reprendre cette course. Le temps s'effrite et une nouvelle section est amorcée. Elle parle d'elle-même, remplie de son histoire.

Le Chemin des Anglais

J'avais eu l'occasion, avant l'événement, d'effectuer une reconnaissance de cette portion du parcours. Son histoire m'avait remuée. Le Chemin des Anglais est constitué de trois sections distinctes, chacune comportant de bonnes montées et une descente assez particulière. Qu'est-ce qui le caractérise? Il est formé de pierres de toutes tailles, placées de toutes sortes de façons, comme si le temps et le sol les avait amenées à se soulever et à prendre un espace imprévisible, désordonné. Certaines pointent vers le haut alors que d'autres semblent se tordre en tous sens. La végétation environnante est verdoyante. On m'a raconté que des esclaves avaient contribué à construire ce chemin, de peine et de misère. J'éprouve un certain plaisir à constater que la nature, sauvage, reprend tranquillement le dessus. Et je m'y élance avec la joie d'un enfant, en dansant d'un rocher à l'autre, sur la pointe des pieds, les bras au vol. Les passants me regardent d'un air incrédule. Je souris, concentrée, plongée dans le momentum. Le temps passe très vite. Je croise un lézard vert à tête jaune et je lui parle, émerveillée. J'arrive éventuellement à la dernière portion de descente du Chemin des Anglais et j'aperçois, au loin, Jessy. Je bondis, de pierre en pierre, jusqu'à elle. Puis je vois son visage, défait. Elle ne va pas bien. Déshydratation et nausée sont au menu. Il nous reste environ deux kilomètres à parcourir avant de rejoindre la tente militaire de Grande Chaloupe. On en est à 152,4 km. Lorsqu'on y arrive, Jessy s'étend et tente de reprendre le dessus. Je mange et je discute un peu avec les militaires, qui s'y trouvent, en attendant Jean-Nic. Alors que je vais aux nouvelles auprès de Jessy, Blaise apparaît. Sa présence bienveillante fait du bien. Je me sens rassurée de le croiser, comme si on nous offrait un rayon de soleil supplémentaire, en fin de journée. Peu de temps après, Jean-Nicolas se présente au poste. Il semble aller mieux alors que Jessy lutte encore. On repart, frontale au front (je prie pour que ma pile tienne le coup) vers le Colorado. J'avais, initialement, prévu y arriver au petit matin et on se trouvait maintenant au coin d'une soirée qui s'annonçait un peu longue.

Ajustement. Tout le monde manifeste des signes évidents de fatigue, mais chacun refuse de dormir. On veut arriver à la Redoute, à St-Denis, aujourd'hui. La montée vers le Colorado me paraît interminable. Je croise une longue, longue couleuvre sur laquelle j'évite, de justesse, de marcher. L'obscurité et le faisceau projeté par la lampe me font découvrir un sol qui me paraît lunaire, blanchi, dénué de végétation. J'ai l'impression qu'on grimpe en tournant en rond ou qu'on nous fait zigzaguer pour allonger les kilomètres. Je n'ai aucun autre point de repère que les souliers de Jessy ou ceux de Jean-Nicolas. La montée est relativement escarpée, ce qui ne nous permet pas d'avancer rapidement. Elle est entrecoupée de tronçons de route, mais les jambes de chacun ne sont pas habillées de la même fraîcheur, alors on poursuit doucement. Retour à la nature désertique, jusqu'au point de contrôle du Colorado, au km 161,4. On dirait qu'on se trouve au milieu de nulle part. Il vente et il fait noir. Jessy ne va pas mieux et la nausée semble assez constante. On entame donc la descente avec parcimonie. Lee Manuel, Marc Antoine et Alex, guerriers de l'équipe, nous rejoignent et passent devant, à un rythme accéléré. C'est la dernière descente. Elle est vertigineuse. À bonne vitesse, on nous avait dit qu'on y mettrait 45 minutes. Mais elle sera plus longue. Des arrêts s'imposent, histoire de permettre à Jessy de respirer et de se maintenir, un minimum. Chaque fois que le convoi s'immobilise, je ferme les yeux et je m'endors, instantanément. Il me tarde d'arriver. J'y pense depuis si longtemps que ce moment me paraît complètement abstrait.

St-Denis, La Redoute

Les bruits de la ville commencent à se faire plus denses. On entend des bourdonnements, le bruit des voitures. Les courbes, dans la descente, se font plus larges. Soudainement, on débouche sur une rue. Je me sens éberluée, comme si on ne pouvait plus y arriver. Quelques pas de marche seront suivis du pas de course, initié par

Jessy, alors même que je n'osais plus le suggérer. Elle m'impressionne. Je voudrais courir à cent mille à l'heure et entrer au stade comme une fusée, mais l'émotion me gagne. On y est, tous les trois, aux portes de ce moment, celui qui nous mène à la ligne du 166ème km. J'ai peine à le croire. D'un périple aux objectifs compétitifs, j'en étais venue à me sentir complètement démunie parce que mon corps refusait de coopérer, me rappelant à la convalescence. Puis j'avais choisi de partager le chemin avec Jessy, méditative, lequel nous avait conduit à Jean-Nicolas, au bord de l'agonie. Alors, en ce moment où l'on posait le pied sur le fil d'arrivée, main dans la main, je revois passer tout ce qui m'a habitée au cours des dernières 48 heures. Blaise est à nos côtés et il enregistre, comme un oiseau gardien, comme un protecteur qui nous voit rentrer au bercail avec contentement. Tout s'entrechoque. Je partage une étreinte avec Jessy et Jean-Nic, saisie. Et alors que j'avance vers ma médaille, j'ai déjà à l'esprit l'idée de recommencer. Je veux revenir. Je veux courir encore. De 160 à 888 km, ici et ailleurs. En chair en os. Avec tout ce que je suis devenue et ce que j'ai encore à être.

En vol

Je rentre chez moi, ce soir, le coeur gros. Mes enfants me manquent. Pourtant, je n'ai pas envie de quitter tout ce que je viens de vivre, au-dehors comme au-dedans. Je sais que quelque chose a été amorcé. Je le vois dans mes yeux. Je le sens. Comme ces étoiles, sur le toit du Maido.

Grand Raid, nous aurons, encore, rendez-vous pour une autre histoire.

Défi Everest, Mont Orford.
Photo : Chantale Belhumeur

Marathon de Magog.
Photo : Bernice Payeur-Poitras

Les Guerriers du Grand Raid, Diagonale des
Fous, Ile de la Réunion. Photo : Caroline Côté

Jianshang Station, Chine, Maxi Race China

Mont Orford

Tour du Lac Memphrémagog en solo, avec accompagnateurs. Photo : Dan Lapointe

Maxi Race China. Crédit photo : Maxi Race

Tour du Lac en équipe, équipe Mont Orford

Tour du lac en solo.
Photo : Joanne Maheu

L'AVENTURE

« Tout organisme pour s'adapter doit innover,
tenter une aventure hors de la norme, engendrer de
l'anormalité afin de voir si ça marche, car vivre, c'est
prendre un risque. »

~ Boris Cyrulnik ~

LA PETITE HISTOIRE

L'air ambiant est lourd, rempli de cette humidité qui gonfle les fins de journées. Les cocotiers s'étirent, du haut de leur tronc, en attendant qu'on y monte pour récupérer leurs fruits. De nombreuses voitures font un vacarme auquel s'ajoute celui des passants, des marchands et de la vie dans la capitale. Conakry n'est pas encore inondée par les pluies, mais tout ce qui fourmille autour en donne l'impression.

En visite chez une amie, le grand air me manque. J'habite Fria, un peu plus au sud, avec ma famille. J'ai pris le parti de retourner chez moi au petit matin. En enfournant mes vêtements dans mon sac, je planifie mon retour. Je crois avoir assez de francs pour héler un taxi, puis un transport de brousse. Je ne sais pas comment m'y prendre, mais j'ai hâte, ne serait-ce que pour vivre l'aventure d'un saut dans l'inconnu de mes onze ans. La nuit se voile, peuplée de rêves et elle attise ce besoin que j'ai de m'aventurer en terrain inconnu.

Lorsque le soleil commence à percer par la fenêtre, je me mets en mouvement : sur un bout de papier, un petit message destiné à mes hôtes, puis le départ en quête d'un premier véhicule m'occupent. Un taxi me conduit, l'espace d'un tour de ville, à ce portail qui me permettra de traverser la brousse, quelques villages, des étendues désertes, pour enfin arriver à Fria, d'où j'ai prévu appeler mes parents.

En observant l'espace où sont stationnés les véhicules, je me sens fascinée par les porte-bagages, par le nombre de passagers qui s'y engouffrent, par les poulets, le foin et les ballots emmaillotés de tissus aux couleurs vives. On me fait signe et je me faufile entre les personnes assises en vue de me trouver un petit coin de banquette, histoire de ne pas tomber à la renverse. D'un bain de ville, je me suis plongée dans un bain de foule et nous prenons maintenant la direction de ce qui sonne à mes oreilles comme un océan de liberté. Un carreau ouvert, en guise de fenêtre, me permet de respirer un peu mieux et d'observer ce qui se déploie à notre passage. Outre les mares de poussière, une jungle touffue défile. On y voit des singes, traversant ici et là, visiblement confiants. Quand la brousse se dégage, des varans se déposent au soleil. Ils sont énormes et leur calme me surprend. Peu d'étendues d'eau en vue : la saison des pluies n'est pas des nôtres. Je touche mon visage, que le sable rouge recouvre comme un fond de teint. Il fait chaud et j'aime bien sentir l'air qui traverse les recoins des carreaux. Voir une nature que je ne connais pas encore vraiment, d'une façon inusitée, me donne envie d'y plonger. Avoir onze ans et prendre le pouls de la vie, comme la sensation de liberté, semble éveiller une conversation à poursuivre avec l'inconnu. Pour retrouver une nature qui reflète la mienne, l'évasion, l'aventure, une conception de la réalité qui ne cadre pas dans un cadre rigide. Les heures sont longues et pourtant, le temps ne semble pas exister. Au pays de l'inconnu, chaque coup d'oeil apporte sa découverte. L'action, le mouvement me fascinent parce qu'ils m'enveloppent, tout comme un embryon dans le ventre de celle qui le porte.

*Arrivée à Fria, en attendant mon père sur le quai, j'en sors complète-
ment recouverte de poussière brunâtre collée au visage, nouant mes
cheveux en un drôle d'orangé, mais souriante. Alerte et consciente
du fait que la nature, la faune et la flore desquels nous faisons partie
demeurent bien plus grands que nous.*

LE PARALLÈLE

Il arrive qu'on déloge des habitudes, qu'on crée un nouveau parcours, un nouvel ancrage. Qu'on dessine, sur la terre, un tracé qui
diverge de celui de la majorité, mais que plusieurs finiront par
emprunter, on l'espère, avec autant de motivation.

J'ai la conviction que l'esprit de l'aventure implique ce partage,
cette inspiration pour le prochain. Un projet ou un défi pourrait se
présenter autrement que ce qui a été réalisé au préalable. Cela fait
partie de sa magie, de son effervescence, comme d'un impératif
à le faire d'une façon qui nous ressemble, à trouver sa voie, à se
réaliser en fonction des aptitudes et des capacités sur lesquelles
on choisira de mettre l'accent.

L'aventure peut se présenter comme une énorme réalisation aux
yeux de certains, mais c'est, d'abord et avant tout, une question
de choix, de volonté, de détermination et de persévérance pour
travailler à déloger d'un confort ou d'une routine pouvant avoir
des airs bien familiers. On peut faire d'un moment ou d'une journée une aventure en soi, comme elle peut s'échelonner sur une
période plus ou moins considérable. Certains font de leurs années
une succession d'aventures vouées à inspirer, à faire réfléchir,
à transformer, à créer, etc. Nous n'en n'avons pas tous la même
conception, mais elle implique, à tout coup, une part d'inconnu.

Elle y loge une dimension qui sort de l'ordinaire. Elle y loge l'aventurier, l'aventurière.

L'aventure fait partie de notre nature humaine. Elle nous guide quant à ce que nous souhaitons mettre en place et réaliser, quant à nos chemins de vie, à ce que seront nos propres défis. Nous nous inspirons, enfin, les uns des autres afin d'en prendre conscience. L'aventure et son esprit construisent... ou reconstruisent là où l'espace existe.

Billet

| Maxi Race China, 115 km, 6000m D+

Avec mes chaussures

Je suis sortie de la vingtaine assez écorchée. J'ai eu la chance de mettre au monde deux beaux bébés, aujourd'hui devenues de belles jeunes filles. La première journée où j'ai repris l'entraînement, j'ai couru pendant neuf cents mètres. Neuf cents mètres qui m'ont dit qu'il était temps de reprendre le dessus. Les rêves, les désirs et les objectifs ont toujours été présents, mais difficiles d'accès, même en vitrine. Je n'en menais pas large...

Aujourd'hui, comme je l'écris encore assez fréquemment, il m'arrive d'avoir peur et de douter. Par contre, même si ça se produit, même si je me laisse parfois tenter par de beaux gros maux de tête, j'avance. Parce que j'ai envie de gravir la montagne. Et pas juste une fois. Je l'applique au sens littéral comme au sens figuré. D'ailleurs, une fois là-haut, que la vue soit dégagée ou qu'elle semble brouillée, le sentiment qui se dégage de cet effort est

114

imprenable. Toujours. C'est un peu, je crois, ce qui m'a conduit en Chine, le weekend dernier. Et c'était fabuleux. Je le ressens encore (mes muscles aussi, dois-je dire).

Jiangshang

Des montagnes à perte de vue. Des pans d'histoire : la route du sel, millénaire, des bâtiments élimés, d'anciennes fabriques de poterie et de céramique se dressent sur le passage. Nous venons à peine de débarquer que le vent de la Chine nous enveloppe. Il fait bon ici. Les gens, en campagne, vivent simplement. Je me sens à la fois accueillie et fascinée. Entourée de locaux et d'autres coureurs, français, nous montons dans un véhicule pour aller explorer un peu le territoire et prendre des photos vouées à être utilisées par les médias et les commanditaires. La route se fait tortueuse et le temps d'arrêt est bienvenu. Les pas qui nous mènent le long d'une portion du parcours de la course nous donnent chaud. La végétation est dense, mais la faune se fait discrète. Pendant la journée, nous croiserons quelques anciens, marchant le long de la piste rocailleuse, tantôt pour faire une offrande – avec pétarades et fumée, tantôt pour y travailler. En groupe, avec les photographes, nous faisons des allers-retours pour capter le mouvement et les couleurs qui en inspireront certainement plus d'un. On discute, on s'attend et on déguste une collation typique en canette. Le fait de me balader dans ces lieux, avant le jour du départ, me réconforte. De l'autre côté du globe, il fait froid. Ici, on se sent comme en été. La journée se termine autour d'un repas traditionnel et je mange goulûment : j'adore.

Plus qu'une journée avant que le chronomètre ne soit lancé. Curieusement, je dors bien. Sous la couette, je peux entendre les cancans de ceux et de celles qui sont installés pour chanter autour d'un karaoké en plein air. Les notes circulent dans tous les sens et le son est prenant, mais le sommeil me gagne comme une plume qui se pose au sol. Lentement et doucement.

Avec la grisaille se lève vendredi. La gratitude pour tous ces instants, pour chacune des personnes que je côtoie ici et pour ceux et celles qui nous aident, qui traduisent sans relâche tous ces sons auxquels je n'associe pas encore de mots (je crois que ça risque de me prendre quelques voyages pour y parvenir, en fait) m'inonde. La différence est aussi riche que ces moments où l'on se retrouve autour de la passion pour le sport, pour la Nature et pour mille autres raisons. Visite de la localité — urbaine — conférence de presse et retour au bercail seront les principales activités de cette journée. La préparation est maintenant de mise, car à 3:30 le lendemain matin (samedi), nous prendrons un taxi pour nous rendre sur les lieux de la course. À ce moment-là, je ne sais pas trop si je me sens fébrile ou simplement ultra concentrée sur ce que j'ai à faire : manger, boire et boire encore, faire mon sac, dormir.

Maintenant

À 2:40, je me lève et je commence à me préparer, pour de vrai. Dehors, il pleut. On annonce la venue du soleil, mais je crois qu'ici, il joue un peu aux pantins derrière le rideau. Et puis, peu importe la température, on y sera. Alors j'avance. J'utilise mes provisions pour remplir mes poches. Je m'assure d'avoir de l'eau en quantité suffisante. Je mange, assez rapidement et je prépare mon café, que je pourrai boire au vol. Il fait noir, mais je me sens comme si le jour nous attendait depuis un bon moment déjà. J'enfile mon imperméable, ramasse mes trois sacs, mon passeport et je file au rez-de chaussée. Les gars y sont déjà et on nous dirige vers le véhicule qui nous acheminera vers l'effort. Le vrai. Celui que chacun porte dans son regard, associé à une volonté qui ne semble même pas vaciller. Encore une fois, je me sens bien entourée par ces coureurs, expérimentés. Nous ne nous reverrons pas une fois l'ascension entamée, mais je sais bien que chacun le vivra avec toute son intensité. C'était, je crois, la seule option pour compléter le trajet en entier. On fonce ou on abandonne. Ce que quarante pour cent des participants feront, le long du trajet. Magnifique, sauvage, gorgé de traditions jusque dans les pierres installées en chemin, au sol, mais aussi terriblement exigeant.

La première portion de la course est un marathon d'ascensions au terme desquelles les cris de victoire — pour avoir réussi à grimper — retentissent ponctuellement. Je n'y fais pas exception. Ça libère. Pendant les dix premiers kilomètres, j'ai cru que mon ventre allait me perdre. Je crois que le stress, peut-être caché, s'est permis de remonter en vagues pour s'assurer de ma conscience (ou de mon inconscience, selon la perception qu'on peut avoir de ce genre d'événement)! Je crie en amorçant ma descente, comme une guerrière qui brandit son bâton (mon bâton de marche, en l'occurrence, ou plutôt celui de mon ami Luc, outil indispensable). Encourageant les coureurs au passage, je relance, comme un bolide, avec mes vieux souliers, mes *Speedcross*. Ceux que j'ai osé mettre avant le départ, constatant à quel point la pluie se faisait volubile. Ces souliers que je n'avais pas vraiment portés depuis quatre ans, qui étaient sillonnés de déchirures, comme de grosses rides, mais qui voulaient beaucoup dire pour moi. Les crampons étaient efficaces, alors je pouvais danser en courant. C'était fluide. Jusqu'aux escaliers et aux ponts de pierre.

Ceux-ci font probablement partie du patrimoine naturel et historique de la place. Il y a quelque chose de particulier dans l'agencement des pierres, dans leur positionnement, dans leur grosseur, quand on parle de petits ponts. Et, tandis qu'il pleut, ces rochers luisent comme une étoile qui brille de mille feux. J'ai vu plusieurs chinois les enjamber avec une grande confiance. J'en ai aussi observé quelques-uns qui sont revenus, clopin-clopant, étourdis par une chute au sol. Je me mets à parler avec le sentier — mentale-ment — et à respirer comme un bouc pour bien me concentrer sur la progression. J'ai alors un peu peur, mais le fait de respirer m'aide à poursuivre. Je tomberai quelques fois, sans trop saigner.

Les montées sont longues et les descentes se présentent comme des bénédictions — sauf celles avec des roches, qui doivent être inspirées de la Muraille de Chine. Peut-être que la route du sel s'y rend, mais aujourd'hui, je crois que 109 km feront l'affaire. J'y réfléchirai une autre fois! Quelques coureurs s'accrochent à mon rythme et me suivent, heureux, je crois, de pouvoir avancer avec quelqu'un. Je n'en n'ai pas trop l'habitude, je l'avoue, alors ça me demande un effort de concentration. Mais je sens bien que certains se sentent réconfortés. Alors je fais preuve de patience. Après tout, il m'est arrivé, dans les heures précédentes, de prendre deux fois le mauvais tournant en suivant des coureurs moi aussi (et une fois supplémentaire en entrant en mode fusée : j'ai alors raté la signalisation). Je m'en suis voulu, mais j'ai également trouvé bien drôle le fait d'en rire à trois plutôt que seule.

Sur le parcours, on retrouve neuf arrêts permettant de s'approvi-sionner, de se reposer au besoin... et de prendre des photos! Je me sens assez efficace et je fais rapidement le relais de l'un à l'autre. J'ai, avec moi, la potion d'huiles essentielles de mon amie Chantale et je m'en badigeonne comme d'une protection à toute épreuve.

Après le sixième point de contrôle, je sais que les montées se fe-ront un peu moins abruptes, mais les rochers et les bambous, au sol, sont légion. C'est un peu délicat, pour l'équilibre, cependant, on y arrive. Il suffit d'observer et d'écouter les chinois. Je ne com-prends pas vraiment ce qu'on me dit alors, mais je crois que c'est un encouragement à laisser aller et à ne pas trop chercher la ligne parfaite. Et après tout, c'est bien vrai : de toute façon, ça glisse, alors aussi bien glisser avec le courant.

Alors que le jour commence à tomber, je m'égare dans les herbes hautes. À ce moment, je me dis qu'il faut quand même faire preuve d'inconscience pour se lancer ainsi en territoire inconnu. Heureusement ou malheureusement, c'est une pensée qui me fait sourire. Parce que je me sens ici, maintenant, comme une enfant qui découvre la vie. Et je me rappelle ceci : un GPS est accroché à ma veste (il parle une autre langue que la mienne, mais il fonctionne) et il y a maintenant, devant moi, puis derrière moi, deux chinois qui se sont aussi égarés. Nous prendrons donc le temps de communiquer, en signes, pour conclure que le GPS des montres avait tort. Je crois que j'ai dû retrouver les balises avec mon intuition. C'est la seule explication! Enfin, heureux, nous avons repris chacun nos rythmes de course pour continuer sur le bon tracé.

La nuit, à nouveau

Éventuellement, les balises deviendront phosphorescentes et les coureurs se feront plus rares. Je m'arrête, au huitième point de contrôle, pour manger et boire un peu. J'en repars avec, je crois, les cernes aux yeux. Quelques vingt minutes plus tard, la nausée me prend. À ce stade, peut-être est-ce un mélange de fatigue et de courbatures retenues, mais j'ai comme un doute. Doute qui se confirmera le lendemain matin, alors que je me sentirai toujours aussi nauséeuse, jusqu'à ce que je consomme des granules chinoises, éventuellement doublées de charbon activé. J'espère encore, en ce moment, que les photos de la cérémonie de remise des médailles et des prix ne m'aura pas immortalisée avec un air trop piteux (une petite mine)!

La dernière vingtaine de kilomètres est située en zone habitée. On court sur un pavé double, qui fait office de route pour les voitures. J'avoue que je me suis demandé, sur ce tronçon, si j'allais enfin y arriver. Les balises se font rares, alors je ralentis pour m'assurer de me diriger au bon endroit. Les signaleurs, aux intersections, sont endormis avec leur bâton lumineux en main ou posé à leur côté. Il se fait tard.

Je ne me précipiterai pas à l'arrivée, me demandant, jusqu'aux derniers trois cents mètres, si j'ai emprunté la direction qu'il fallait. En apercevant les lumières, qui se rapprochaient, je prends soin de demander (de gesticuler) à un homme, en voiture, pour savoir si le « finish » se trouve bien vers la gauche. Lorsqu'il me pointe cette direction en me répétant « finish », je me dis que j'ai réussi. Les larmes montent. J'ai toujours les bâtons de Luc dans les mains et la montre d'Anne au poignet. Je ne sens assurément plus les huiles essentielles, mais ça ne m'empêche pas de sourire. À quelques cent mètres, je vois une grosse banderole, le directeur de course, Martin, qui tient un bouquet de fleurs et une douzaine de photographes. Pas de musique, mais il me semble qu'il se passe quelque chose. Je traverse au-delà de la banderole, je grimace, puis je crois que mes yeux s'allument. Martin, adorable et si sérieux à la fois, m'annonce que je suis la première femme rentrée au bercail. Je ris à chaudes larmes (si c'est possible). J'ai perdu beaucoup de temps en m'égarant, alors je savoure cet instant. La nausée est toujours présente, mais, rendue là, je me dis que c'est un détail. Martin et Jack, ami journaliste, me conduisent à la tente de repos. Je ne sais plus quelle heure il est. J'apprécie. On discute un peu, puis Jack et le chauffeur de taxi me reconduisent à l'hôtel, où la douche deviendra rédemptrice. Je n'arriverai pas à dormir. Le lendemain, à l'heure du départ pour Shangaï et l'aéroport, j'écrirai que mon corps est sous le choc. Depuis, j'oscille entre le wow et le *ouch*. Ça devrait se replacer dans les prochains jours.

Long sentier, long voyage et long retour. Malgré tout, à chaque instant, j'ai été accueillie comme un hôte d'exception. Moi et mes collègues avons été choyés et accompagnés de toutes parts. Nous avons été reçus comme les membres d'une grande famille. Je me sens encore touchée de toute cette énergie déployée pour faire de notre aventure un lieu magique.

Ce soir, à Orford, mes quadriceps se plaignent. Pourtant, j'y retournerais, là, tout de suite. J'ai le coeur gros. Cent onze kilomètres en terre chinoise qui représentent un immense trésor, dans la vie comme en tant que coureuse. J'en veux d'autres. Des milliers de kilomètres, aller-retour, pour toucher la nature des gens et la nature dehors. Merci.

Nǐ hǎo

À bientôt, avec mes chaussures

LA FAMILLE ET LES AMIS

« Je sais que nous retrouvons la force, même lorsque nos coeurs ont été brisés, parce que c'est à ce moment que nous réalisons que nous ne pouvons pas toujours aller de l'avant seuls, qu'il nous faut nous retrouver les uns les autres. »

~ Christine Comeau ~

LA PETITE HISTOIRE

La pièce était bondée. L'espace était rempli d'un brouhaha de conversations, de rires et de blagues. Les enfants, éparpillés par groupe d'âge, se retrouvaient tantôt près du sapin, accotés au buffet, sous la table, dans une pièce plus tranquille et parfois encore endormis sur les genoux d'un parent. Dehors, il faisait froid, mais à l'intérieur, c'était l'été. Des pantoufles, de la lumière, une abondance de plats et beaucoup, beaucoup de sucre. De quoi faire tourner de l'oeil ceux qui avaient attendu ce moment avec impatience. Ma mère partageait les moments de fête avec ses quatorze frères et soeurs. Quatorze enfants qui avaient, à leur tour, créé une famille. On m'avait raconté que ma grand-mère avait quitté la vie en emportant avec elle un seizième bébé. Je ne comprenais pas exactement comment cela se pouvait et comment mon grand-père avait trouvé sa « belle-maman », mais j'observais que la famille était grande. Je ne me sentais pas très familière avec la folie des Fêtes, mais j'aimais bien voir sourire et rire les gens. De plus, les jours suivants, nous irions rendre visite à la famille de mon père, non loin de là. Rimouski. Le lieu et le temps des célébrations.

Dehors, il me semble faire bien froid. Lorsque nous sommes rentrés, après avoir visité l'Église, je me suis empressée de mettre mon manteau sur un crochet pour me réchauffer et entendre le son de la fête.

Je n'aime pas particulièrement faire de longues heures de route, à l'arrière de la voiture, plongée dans les nuages de cigarette. Me chamailler avec mon frère, qui se chamaille, lui, avec ma soeur, et attendre, attendre... attendre qu'on nous dise que la destination est en vue. Par contre, le changement de décors et les paysages cristallisés qui défilent par la fenêtre me donnent une sensation d'air. Et j'apprécie, surtout, couper court à la routine. À la maison. Au loin

Le temps de quelques heures, de quelques fêtes, j'oublie que mes parents ne sourient pas souvent, que la joie n'existe pas, qu'il fait difficile, au quotidien et que la vie peut avoir un aspect différent de ces espaces où nous déménageons, d'année en année. Du haut de mes huit ans, j'aimerais comprendre pourquoi on ne peut pas apporter la joie avec nous, à la maison. Je me demande pourquoi la vie est longue chez nous...

LE PARALLÈLE

Une famille se mue en un regroupement de personnes qui nous sont chères, qu'elles soient issues de la même descendance ou encore d'une autre lignée. On s'y retrouve. Pour de nombreuses personnes, à la vie comme à la course, le support d'une famille s'avère précieux. Parce que ces sourires, ces accolades et ces moments qu'on partage font la différence sur un parcours.

Seuls ou ensemble. Un dilemme pour certains. Une évidence pour d'autres. Les uns préfèrent évoluer en maintenant cet espace qui ne permet pas aux autres de créer l'esprit de proximité alors que les autres considèrent qu'un trajet se doit d'être réalisé en privilégiant la notion de groupe, de famille. Pour certains, c'est l'esprit du loup, de sa meute. Pour d'autres, celui de l'aigle, évoluant de façon un peu plus distante en regard de ses semblables.

La conception d'une famille a aussi une valeur culturelle. La façon dont nous négocierons avec celle-ci peut avoir un poids considérable en regard de notre approche, de notre planification, de nos stratégies en ce qui concerne la préparation et l'expérience vécues en défi sportif. Les membres d'une famille peuvent jouer le rôle d'équipe de soutien, de supporters, de modérateurs et parfois d'obstacles ou plutôt, de piliers voués à nous faire reconsidérer, réfléchir, confirmer même la démarche dans laquelle nous nous engageons. Peut-être ne choisissons-nous pas toujours cette famille, mais ce qu'elle nous offre, ce qu'on partage avec elle et ce qu'on en retirera comme apprentissage nous appartient.

Nos modes de vie, comme nos entraînements, varient. La multiplicité de ceux-ci constitue une énorme richesse lorsque vient le temps de s'investir dans un projet : ouvrir les yeux sur ce que nous sommes en mesure de construire, de prioriser et de développer, dans l'optique de nos histoires respectives vécues et à venir, peut laisser place à autant de créativité, de solidarité que de génie. Qui plus est, d'espace pour un attrait, un intérêt qui deviennent un chemin, un sentier, un parcours. Courir en ultra, entreprendre une épreuve d'endurance, c'est aussi prendre en compte ces variables, ces dimensions. Parce qu'elles auront un impact et des répercussions. Assurément.

Billet

Cantons de l'Est/États-Unis
Cent vingt-deux kilomètres pour le tour du Lac Memphrémagog

Préambule

Ces jours-ci et les semaines qui suivront seront peuplés de d'événements de course, qu'il s'agisse de course en sentier ou de course
sur route. C'est la saison où les défis annuels prennent l'élan sur
les pieds de ceux et de celles qui se sont donné comme objectif
un trajet spécifique et, peut-être, un temps au chrono. Pendant
que j'écris, certains de mes amis courent. Ils mettent leur corps
à l'épreuve, tout autant que leur tête — et tout ce qu'elle contient
comme capacité mentale — sur la sellette. Je les admire. Comme
j'admire chaque être qui ose avancer et faire le choix d'aller toucher
un peu de ces rêves qui foisonnent, peu importe le type d'intérêt,
de passion ou de domaine.

On dit souvent que la peur et l'amour sont les principaux mo-
teurs de l'activité humaine, de nos croyances, de nos routines.
Outre nos capacités biomécaniques, il s'en passe beaucoup, dans
le corps. On se conditionne, on se motive ou on se déprime, les
uns les autres, par exemple. On peut tenir la barre de sa vie et se
sentir mort de trouille. Ou, inversement, pas du tout. Et, quand on
ressent la peur, quand on « prend le bateau » et qu'on avance, il
se produit quelque chose de bien particulier. On peut appeler ça
un petit miracle si on veut, mais il reste que, dépassé le stade de
la crise d'anxiété ou de la probable attaque de panique (j'exagère
à peine), il y a l'endorphine. Et c'est saisissant. Au-delà de tout ce
qu'on peut vivre entre les deux, le sourire et la lumière dans les

yeux des gens plongés dans cette aventure est à couper le souffle. À tout coup.

Ça fait partie de ce que je retiens, de la passion, de l'amour. Je pense que c'est ce qui inspire tellement de gens à sortir, à se mettre en mouvement, à se fixer des objectifs. Et c'est ce qui me donne envie de bouger, encore et encore. De courir la planète tout entière, littéralement. Pourtant, j'ai encore peur, à peu près à tous les jours. Et là je pense à toi, qui est entrain de courir en forêt, à toi qui t'entraînes pour ton marathon, à toi qui surfe la vague sur ta planche, à toi qui rame pour toucher le soleil, à toi qui grimpe jusqu'au ciel, à toi qui parle, à toi qui roule, à toi qui nage, à toi qui marche, à toi qui médite aussi. Et je me dis : on a un coeur qui bat. Juste ça, c'est tout un cadeau!

Le défi

Pas besoin de lunettes pour t'imaginer que je réfléchis beaucoup. On m'a souvent dit que je me posais trop de questions. Je l'accorde. Bouger fait partie de ce qui me permet de mettre l'interrupteur à *off*. D'être là, juste là. Pleinement. C'est comme ça qu'est arrivée l'idée de courir 122 km. Je n'ai pas toujours les mots pour exprimer ce que je ressens, ce qui vient, ce qui reste collé sur mon coeur ou ce qui se remue dans mes réflexions. Courir fait circuler, au-dedans et au-dehors. Et je pense que c'est le propre de nombreuses disciplines, outre l'amour et la passion pour lesquels on les pratique. On élague, on fait le ménage, on se concentre sur le moment, sur tout ce qu'on peut y donner, sur ce qu'on est, sur ce qui vibre, complètement, à partir de soi. Ça tient du dépassement, à des degrés variables. Ça réaligne. Ça transforme aussi. J'en avais envie, depuis, longtemps, mais j'avais peur.

So *what?* Samedi, 3:20. Je n'arrive plus à dormir. L'atmosphère est calme. Je pense à toi, Izna et à toi aussi, Arielle, vous qui dormez paisiblement chez papa. Je pense à tout ce que je ne veux pas oublier, au trajet et à mes amis qui m'attendront à différents endroits, en cours de route. Nous nous sommes bien préparés et pourtant, là, chez moi, je me demande encore si je suis prête. Vraiment prête pour l'étape d'aujourd'hui : courir 122 kilomètres de route et de gravier. Les minutes passent et je n'arrive pas à me rendormir. J'ai l'impression de ressentir la présence de tous ces gens à qui j'ai parlé de ce projet, de cet objectif, de ce qu'il représente. Le rendez-vous est prévu pour 4:40. J'ai rendez-vous avec mon équipe, mais aussi avec moi-même, avec Émilie et Jean-François, ma soeur et mon frère, qui se trouvent peut-être quelque part, comme un satellite, autour de la Terre (ils sont décédés). Je me suis promis que cette journée en serait une vouée à leur rendre hommage, pour leur dire au revoir, pour passer le flambeau à mes cocottes, à la jeunesse au sens large. Le temps passe vite. Comme à l'habitude, j'ai quelques minutes de retard. Je me précipite dans la voiture et je roule jusqu'au point de départ, en l'occurrence, l'École secondaire La Ruche, à Magog.

À 4:50, ce matin-là, il fait déjà bien chaud. Veronic, Luc et moi fignolons les derniers détails, incluant le fait de mettre mes souliers et d'enregistrer la petite vidéo qui me fera sourire. Je nage dans la gratitude : leur présence est un gigantesque cadeau! Au menu : un trajet qui monte et qui descend, où s'étalent des paysages bucoliques, la lumière, quatorze points de contrôle (établis pour la course à relais de la fin septembre), de nombreux coins pipi et autres possibles (il peut paraître curieux de le nommer, mais, dans un projet comme celui-là, c'est capital), sans oublier l'humidité. Je n'ai pas beaucoup dormi, je sais que mon corps se sent fatigué de sa grosse semaine de travail et de réflexion, mais je ne le perçois plus. À 5:10, je ressens une boule de fébrilité. À 5:15, le départ est donné.

Veronic m'accompagne à vélo et Luc nous rejoindra, en chemin, pour prendre le relais de celle-ci. Le temps est bon et l'aube, sa tranquillité, me font un effet quasi magique. J'aime sentir l'air sur ma peau, redécouvrir la route à chaque instant et prendre le temps d'écouter la nature. La ville dort encore. L'esprit paisible de ce premier bout de route nous suivra pendant pratiquement toute la journée. Je lève mon chapeau à Vero qui, du haut de son vélo, monte la côte Southières, en grande partie, tout en parlant. Le chemin des Pères nous accueille avec un soleil qui commence à se lever. Au PC 1, Anne nous attend. Elle nous accompagne pour les trois prochains relais (PC 2,3 et 4). Luc roule à vélo, Vero conduit le camion. La roue tourne et le soleil nous sourit toujours. Anne redécouvre des paysages qu'elle apprécie et moi, j'ai le plaisir d'écouter et de sourire à tout ce qui se dit, à ce qui se pense — ce que j'imagine — ici et là. Ces moments sont précieux. Et même lorsque les pentes sont raides, on se tient les coudes, comme on dit. Près du PC 4, Michel et Jocelyne apparaissent; je ne m'y attendais pas. L'impression d'être si bien entourée et le plaisir de voir tous ces sourires réchauffent le coeur. Mes orteils, par contre, me crient à l'aide. Je me permets alors de changer de paire de chaussures. Je pense à mes deux filles, probablement réveillées maintenant. Et je me dis que je les aime, plus que tout.

La matinée en sera une remplie d'instants uniques et de nombreux arrêts aux toilettes, chose qui, heureusement, se corrigera en après-midi. Je ne m'étendrai pas sur le sujet, mais, en tant que femme, gérer certains besoins primaires, mensuellement, peut aussi représenter un défi en course. L'approche du poste de douanes (frontière américaine) et l'apparition de nombreux papillons Monarque ont finalement eu, je crois, raison du stress, du petit trémolo intérieur. Pourquoi les Monarques? Parce que je les ai croisés comme si on me faisait un signe. Comme si mon frère était là, dans cette nature. C'est un symbole qu'on lui avait associé.

Curieusement, les Monarques nous ont côtoyés pendant toute la section qui mène au premier poste de douanes. Une fois là-bas, je crois qu'ils se sont dit qu'il faisait trop chaud! Luc en vélo et moi, escortés par Vero en camion, avons pris la file des voitures pour attendre le passage. J'en ai profité et me suis permis de m'étirer sur place. C'était cuisant. Notre tour venu, nous avons été reçus par le douanier avec le sourire. C'était tout simple : tirade sur Forest Gump, allusion aux Iron Man, quelques rires et de beaux souhaits pour la journée nous ont propulsés de l'autre côté de la frontière, aux États-Unis.

De l'autre côté

Avec la chaleur, le besoin de boire était grand. Luc et Veronic me l'ont souvent rappelé, ce qui m'a sauvé de nombreuses crampes. Enthousiastes, nous nous sommes même permis de nous rajouter quelques kilomètres — et de la côte — en oubliant de bifurquer sur la rue qui allait nous mener au prochain point de contrôle. Après avoir fait demi-tour, nous avons croisé la ferme Chaput que de nombreux coureurs, pendant la course à relais, voient approcher, je crois, comme un point névralgique de soulagement. Parce qu'à ce stade, il fait habituellement vraiment chaud. Notre journée n'y fait pas exception. On continue d'avancer avec une certaine excitation, comme la ville de Newport approche. Newport, en bordure de l'eau. Newport, là où on prendra la piste cyclable qui mène au poste de douanes de Bee Bee/Stanstead. Je ne vois alors plus de papillons, mais les sauterelles abondent. Je me dis que c'est une belle coïncidence et je décide que c'est probablement le symbole associé à ma soeur. Il est possible que ma mère ne considère pas cet insecte comme un signe très poétique, mais, ici, maintenant, il semble prendre tout son sens pour moi. Et je me dis que les sauterelles sont magnifiques.

Après un moment d'hésitation quant au trajet, Luc ayant hélé une conductrice du coin pour se renseigner, nous nous dirigeons vers l'embouchure de la piste cyclable en question. Au même moment, on peut voir passer le camion que Vero conduit, au loin, et réaliser qu'elle bifurque au mauvais endroit. C'est la panique! Notre entrée sur le parcours des vélos se fait donc à grands renforts de prières, de textos et de tentatives de messages vocaux perturbés par les absences de réseau. On tente de communiquer. C'est difficile. Et moi je ralentis. Je marche pendant une minute ou deux, en écoutant la conversation. La cadence reprend tranquillement et on se rend compte que je n'ai pas assez mangé. Hypoglycémie. J'accepte un tube de miel sur les conseils de Vero, au bout du fil, malgré la peur d'avoir envie de vomir. J'ai encore eu peur. Résultat : je crois que j'ai passé le reste de la journée à remercier toutes les abeilles de la Terre, à vénérer mes amis et à sourire parce que je pouvais courir plus vite. Au final, c'était très positif, puisque nous avons atteint le deuxième poste de douanes en observant, au loin, Veronic, qui avait réussi à nous rejoindre, accompagnée de Carmen, Alain, Chantale et son amie, Jocelyne et Michel. En attendant notre passage, je pouvais voir Carmen, en train d'installer le tapis de yoga au pied d'un arbre. Je savais qu'elle allait me demander de m'installer au sol, les jambes appuyées sur l'arbre. Plus tôt, je m'étais dit que je n'en n'aurais pas besoin. Mais là, après quelque 85 kilomètres, j'avoue que l'idée était tentante.

Dans la file d'attente, Luc plaisante encore. J'en retiens que c'est aussi important que de boire et de manger, quand on entreprend un défi. Le douanier, cette-fois ci, semble Français. Il nous parle de son ami, qui s'amuse à courir tous les cols de France, pour le plaisir. C'est quand même rafraîchissant et assez rapide. La joie se fait sentir à franchir enfin la douane, après avoir assisté à la fouille de plusieurs véhicules, localisés devant nous, dans la file. Stanstead.

L'après-midi avance. Je cède et je m'allonge, les pieds dans les airs. Carmen me « répare » les jambes pendant que je respire comme un chameau. Le massage sportif est très souffrant, mais c'est aussi une bénédiction. Je me ravitaille, change de camisole et on repart. Je suis accompagnée par Alain à pied et Jocelyne à vélo. J'ai l'impression d'avoir des ailes. Je louange Carmen et mon autre amie Ann, qui pense à nous, de chez elle. Mes jambes ne sont plus lourdes et, malgré la chaleur, j'accélère progressivement le rythme. Je sais qu'il fait encore très chaud parce que le visage d'Alain est vraiment rouge! Le parcours qu'il a choisi de courir avec moi est celui qui mène jusqu'à Bleu Lavande et qui se poursuit, pour arriver au PC 12, près de la maison de la Sorcière, à Fitch Bay. Dans le stationnement de Bleu Lavande, Michel et Carmen nous saluent. Carmen prend le relais d'Alain, qui termine honorablement son bout de chemin. Et c'est reparti, sourire aux lèvres, pour une belle descente.

L'arrivée au point de rencontre de Fitch Bay se fait dans l'émoi. On approche. La prochaine section est assez corsée et Michel s'est donné le mandat de courir avec moi à partir de ce point jusqu'à la fin du parcours. Je me sens émue. La présence de chacun, le coeur grand ouvert, me remue. Je sais que je me sens fatiguée, mais j'avance avec fluidité... enfin, c'est l'impression que j'en ai. Le rythme est bon et la fin de la journée nous porte de côte en côte en nous présentant une nature et des villages toujours aussi beaux. Luc roule à vélo. Il me semble curieux d'en être déjà rendue(s) là. La villégiature semble appeler les célébrations de fin d'été. En une trentaine de kilomètres, nous avons bien dû croiser cinq fêtes, données à grands renforts de musique et de rires. Passer au travers d'un *party*, c'est comme danser en courant. Un petit *boost* de plus. J'ai soudainement l'impression que le poste de pompiers du PC 13 se trouve bien loin. Et, dans la surprise (je ne reconnais pas trop le parcours à ce moment-là), on y arrive. Tout le monde est là. Il est temps de mettre les dossards avec réflecteurs et les lampes frontales. Tout me semble bien particulier. On va y arriver. Pour de vrai. Je pense aux enfants, à mes filles aussi, Izna et Arielle. J'aimerais bien qu'elles y soient. Veronic et Carmen sont à vélo et nous reprenons la route. La fébrilité monte. Les larmes aussi. Ma lampe frontale ne fonctionne à peu près pas, mais, à ce stade, j'ai l'impression que tout est éclairé partout. Outre la senteur de hamburgers, le Mc Donald's, au coin du centre de Magog, dégage un air de fête lui aussi. Il ne reste plus que quelques kilomètres à franchir. Je croyais qu'à cet endroit, je n'en pourrais plus de rêver à mon popsicle, mais, tout ce qui me vient, c'est : « on y est. Vraiment. Aujourd'hui. » J'y pense depuis un bon trois ans et c'est maintenant que ça se passe.

Presque, presque...

C'est la fête au centre-ville aussi. Moi, je cours avec Michel. J'ai l'impression que ma peau est un voile et que je suis hier, aujourd'hui et demain en même temps. Un *feeling* difficile à décrire. J'ai les yeux dans l'eau et le sourire aux lèvres. Est-ce que ça fait partie de l'effet que fait un pèlerinage pour celui qui l'entreprend? Je n'en n'ai aucune idée, mais je me dis que ça doit être ça. On croise la microbrasserie, puis on bifurque à gauche, sur le plat de la piste cyclable, à la Pointe Merry. Il fait tout allumé partout. Les marcheurs sont nombreux. L'horloge (monument) et le feu de circulation du dernier 2,2 km approchent. J'entends des applaudissements. Je me dis alors que les marcheurs sont bien zélés. Et puis je vois Anne, Luc, Dominic, Jocelyne, Alain, Robert et plusieurs autres amis, collègues et coureurs qui tapent des mains de plus en plus fort à notre approche. Ce moment-là, je ne l'avais pas anticipé.

J'ai envie de fondre, d'émotion, de gratitude aussi. Comme on le fait lors de la course du Relais, les derniers km sont parcourus en groupe, avec le bagage de toute une journée, remplie d'expériences et d'apprentissages. Je parle peu, comme si j'avais peur — encore — que mes larmes ne coulent. Et je te confie qu'il faudra que je me retrouve seule devant ma cuisinière (mon fourneau), après une incroyable nuit de sommeil, pour que ça se produise.

L'arrivée à l'École secondaire La Ruche se fait dans ce vent de sensations et je m'arrête, avec les amis, en haut de la montée, juste devant les portes de l'école. Outre l'envie de pleurer (et de ne pas le faire), je me laisse porter par tout ce qui défile dans ma tête : mes enfants, à qui je pense très fort, toutes les portions de route, l'envie prenante de refaire ce trajet, tous ceux et celles qui sont sur place, à cet instant ou qui ont été là au cours de ces dernières années, les millions de merci que j'ai envie de distribuer *ad vitam eternam*. Je n'ai encore jamais été très fortunée, matériellement parlant, mais ce que je ressens à ce moment-là vaut réellement une véritable fortune. J'aurai éventuellement besoin de m'asseoir et de me couvrir, mais à ce moment, je me sens enflammée. On est en vie. Sur nos deux jambes, un verre, une bouteille ou une canette à la main et on s'entend, on s'écoute avec le sourire. Il y a, dans chaque seconde, quelque chose de miraculeux. C'est encore ce qui me tient.

Ce qui me donne aussi envie de recommencer.

Ce qui fait de la vie le plus grand cadeau que l'on puisse choisir d'accueillir, même quand c'est difficile.

Je t'aime

LA SOLITUDE

« Pour prendre de la distance vis-à-vis des
événements, nous avons besoin de solitude et de
silence. Mais nous en avons souvent peur. Le vrai
silence est celui que l'on retrouve au fond de soi. Vivre
dans le silence ne sert pas à grand-chose si notre
esprit est agité. »

~ Frédéric Lenoir ~

LA PETITE HISTOIRE

Dans la petite pièce, le silence semble prendre toute la place. Nos
deux sacs d'expédition sont posés au sol. Les lucarnes n'ont pas
encore été ouvertes. Les murs, blancs et beige, sont dénudés, mais
ils me semblent pleins. Pleins de promesses, d'aventures, d'exotisme
parce qu'ils me contiennent dans un espace qui porte une odeur, qui
laisse filtrer une vie, un environnement nouveau. Je m'extirpe du lit
en soulevant la moustiquaire. Mes pieds touchent le sol et une onde
de chaleur les habille. Délicatement, j'enfile quelques vêtements et
je saisis ma gourde, mon foulard, puis mes sandales. Jonathan, mon
compagnon, dort encore. En marchant sur la pointe des pieds, je
rejoins la porte. Il est maintenant près de cinq heures du matin, à
Pushkar, en Inde. Ma respiration s'étend jusque dans mon ventre.
Une sandale, puis les deux aux pieds, je choisis d'emprunter le trajet
qui me permettra de marcher en direction du temple.

Devant moi, la poussière, les vaches, les chariots de transport prêts pour le marché et la route de terre sont bien vivants. Les passants que je croise semblent affairés, tantôt entourés d'animaux, tantôt absorbés, au petit matin, par leur propre parcours. Les cailloux trouvent, eux-aussi, un chemin entre ma sandale et mon pied, mais je ne m'en formalise pas. En silence, je marche vers le lever du soleil. Le temps s'étire et l'espace offre un décor de plus en plus ouvert : les bosquets pelotonnés au loin, les abrupts qui font les montagnes russes, la terre rougeâtre et le ciel, de teinte semblable, me rappellent à une solitude dont je m'ennuyais.

Le chemin se mue en un lacet bordé de rochers, de sable et de vestiges de toutes sortes dont la nature est soit humaine, soit animale.

La première portion de mon trajet me paraissait assez peuplée, et pourtant, je me sentais enveloppée dans une bulle comme dans mon foulard : avec douceur. Ici, le vent et sa chaleur soufflent. Des effluves sauvages, puis connues, s'entrechoquent. La senteur du riz, des pains nans qui grillent, lentement, entre l'argile et le feu, accrochent mes narines. Je ne croise plus que quelques pairs d'yeux, au passage. La montée me porte, me transporte. Avec le souffle, avec émerveillement. En silence, mes pieds suivent mon coeur. Le cadeau d'une solitude me paraît habité. L'environnement, paisible, vibre. Le petit sommet, auquel est suspendu un temple, lance ses échos. Le sol, lorsque mes pas le martèlent, tremble un peu. Le calme est plein, mais il n'est pas plat.

Au sommet, je prie. Et je redescends vers un nouveau voyage, le temps d'une journée.

LE PARALLÈLE

La solitude occupe une place plus ou moins importante en fonction de la façon dont on choisit de vivre son entraînement, en préparation, ou sa course, lors d'un événement. Certains éprouvent le besoin de se sentir constamment entourés alors que d'autres apprécient le temps qui leur est donné pour pouvoir cheminer dans cet espace de solitude.

Se retrouver sur la piste d'un ultramarathon est un engagement envers soi-même. La solitude en fait partie puisqu'elle se présentera, quelque part entre le jour et la nuit, le long du trajet. Elle peut se présenter comme une formidable opportunité d'être à l'écoute de ce qui nous habite, de ce que notre corps exprime par les sensations qu'il nous transmet. De ces pensées qu'on ne laisse pas toujours naviguer lorsqu'on se sent pressés par la routine. À mes yeux, honorer ces instants de solitude, surtout lorsqu'on se trouve investi dans une activité sportive d'endurance, ne peut que s'avérer salutaire. Ces espaces font partie de ceux que l'on peut choisir de vivre, simplement, en respirant dans un espace d'authenticité, de simplicité, de présence.

De la même façon qu'on peut tenter de fuir la douleur, il est possible d'envisager la fuite face à ces opportunités de solitude, à ce qu'elles offrent en cadeau. À prime abord, elles peuvent paraître lourdes; on peut les craindre. Pourtant, comme toute autre chose, elles finissent par passer. Alors aussi bien saisir l'occasion de les habiter, pleinement, avec conscience. Outre l'effort physique et la praticabilité, pour certains, c'est peut-être cet aspect qui entre en jeu dans le fait de s'éprendre — ou pas — pour une épreuve d'endurance, de longue distance. Courir longtemps. Sans autre musique que celle de la nature, de l'environnement que l'on côtoie pendant ces instants qui se succèdent. Passé outre la notion de performance, on peut en faire un chemin, un voyage, une méditation, une voie vers l'équilibre... dans le déséquilibre, diront certains; ce qui demeure : nos perceptions varient et bien qu'elles puissent « se recouper » ou qu'on se reconnaisse à travers celles des autres, elles demeurent uniques. Elles créent une empreinte.

Ainsi, notre temps est précieux. La solitude est un chemin qui nous rappelle que nous sommes complets, que nous disposons de tout ce dont nous avons besoin pour avancer et qu'il n'appartient qu'à nous de danser avec la vie, avec la course. Nous avons le pouvoir de nous construire, de nous transformer, de nous habiter. Un pas comme un clin d'oeil, comme un kilomètre, pour changer les choses. Pour changer le monde.

Billet

| ### Bromont Ultra virtuel

« Lorsque les cinq sens et l'esprit sont calmes, lorsque la capacité de raisonner garde le silence, le chemin de la vertu se met en place. »

~ Katha Upanishad ~

Dans le sillage de la course...

Samedi, six heures du matin. Anne et moi sommes en train de faire les quelques gestes qui nous conduiront au départ de cette prémisse, celle que l'on a décidé de nommer « pré-miss », accompagnées de son conjoint, Sylvain. Je me suis levée à quatre heures, sans penser à me rendormir, puisque, de toute façon, je n'y étais pas vraiment parvenue la veille. Le départ de la maison et l'arrivée à Bromont s'étaient effectués sans encombre. Je ressentais, toutefois, quelque chose d'étrange depuis plusieurs jours, sans pouvoir identifier de quoi il s'agissait. Au cours de la soirée précédant le départ, alors que je me disputais avec ma grande — essentiellement parce que je n'avais pas été à l'écoute de ce que je ressentais — je m'étais promis, dorénavant, de m'écouter. Je l'avais oublié.

Samedi, six heures quarante-cinq à nos montres, le regard rivé sur la fenêtre. Quelques coureurs étaient sur le point d'arriver afin de parcourir, eux-aussi, un certain nombre de boucles. Anne nous avait proposé un tracé en huit, constitué de deux d'entre elles. Le terrain m'était inconnu, mais on m'avait renseigné quant à son allure et je savais qu'il allait être facile d'y courir. L'objectif était de compléter seize boucles, soit une grande et une petite, pour faire le compte de 160 km. L'équivalent du Bromont Ultra. Entre les deux boucles, le ravito-maison nous permettrait de faire le plein et de voir à nos besoins personnels.

Les racines

Ce projet avait été initié alors que la vague d'annulation des dernières courses de la saison, encore prévues au calendrier, avait commencé à prendre de l'ampleur. Les plans de tout-un-chacun s'étaient déjà vu bouleversés, depuis le printemps, alors il paraissait tout à fait logique de s'y attendre. En temps de crise, les motivations et les raisons de parcourir un tracé se sont vus revisités. Ici, alors que je voulais offrir ma course à ces femmes et ces filles qui parcourent la vie d'une façon bien à elles, ayant ciblé l'organisme *Fillactive*, huit intentions revêtant un sens particulier ont aussi été mises sur la table — ou sur la carte — pour chacune des doubles boucles à parcourir : l'audace et la fougue, l'énergie et la créativité, l'impermanence, la foi, la résilience, la volonté, la patience pour terminer avec l'épanouissement. Nous voulions aussi transporter, en pensée, chacun des coureurs, chacune des coureuses ayant prévu participer au Bromont Ultra de cette année. En toute simplicité, entre les arrêts au ravito-maison.

Le départ

À sept heures, quelques secondes après une petite vidéo annonçant le départ, nous avions rejoint l'embouchure de la C1, la première piste à emprunter. Le rythme me paraissait bon et l'entrain était au rendez-vous. Je découvrais un tracé qui me rappelait les longs trajets que j'avais parcourus sur route. Il y avait bien de la rocaille et une nature automnale, mais le parcours ne surprenait pas par sa technicité. Ce choix avait été fait en connaissance de cause. L'idée était de rendre efficace le mouvement, d'aborder le défi autrement. L'air ambiant était chaud. On annonçait de la pluie, mais elle ne semblait pas pressée de nous rendre visite.

La douleur, elle, par contre, s'était manifestée très rapidement. Ce que j'attendais aux abords du quatre-vingtième kilomètre avait pris sa place dans mes muscles, dans mes articulations, affectant aussi l'affluent de circulation vers l'un de mes pieds, dans la première dizaine. Je me concentrais sur chacun de nos pas, puis des miens, laissant aller ma tête à ses pensées. Je jongle habituellement assez bien avec la douleur, mais ici, dans cette piste où je m'étais donné pour mission de porter des intentions, sa place me ramenait au fait que j'avais choisi de faire abstraction de ma fatigue, de mes blessures, de ce que m'avait exprimé l'une de mes filles, puis l'autre. J'ai vu passer le train de l'anxiété. Plus le temps filait, plus il m'apparaissait clair que j'avais fait le choix de ne pas m'écouter, encore une fois. Pour aller plus loin, pour offrir ce que j'estimais être le meilleur pour tous. À la troisième double boucle, Anne était loin devant. Marcher devenait de plus en plus douloureux et je me demandais comment faire la transition vers le pas de course. Une migraine, enfin, pointait sa baguette vers les creux, entre mes sourcils.

L'aventure

Une course est une aventure. Tout y est possible. Comme dans la vie, on aborde les étapes qu'elle nous présente avec ce qui nous habite, ce qui nous appartient, ce que l'on choisit de transporter. J'ai réalisé, à ce stade, en parcourant ce tracé, qu'une partie de moi était ailleurs. Que le fait de m'écouter pouvait impliquer une autre forme de participation. Je n'avais pas envisagé l'abandon. Ici, pourtant, je ne pouvais me permettre de marcher près d'une centaine de kilomètres. Je n'avais pas cette liberté, en termes de temps, et je n'en n'avais pas non plus envie. Le fait de le reconnaître me demandait une bonne dose d'humilité.

Une course est une aventure. En terminant ma troisième boucle, j'ai fait le choix, pour la première fois, de troquer mon chapeau de coureuse pour celui de soutien. De garder le phare (image que Sylvain m'a partagée). En terminant cette troisième boucle, j'ai arrêté ma montre et je suis rentrée au ravitaillement afin de me préparer pour l'arrivée d'Anne. Je n'avais pas faim et mon corps semblait venir d'ailleurs, mais je savais, alors que je voyais à remplir la bouteille d'eau, que ce choix était nécessaire.

Le phare

Éventuellement, Anne est rentrée et j'ai tenté d'être aussi alerte, aussi présente qu'il était nécessaire. Je n'avais pas trop de mots et j'hésitais à parler de ma condition. Je voulais être présente pour qu'elle puisse continuer, avec Sylvain, d'enchaîner ce périple vers ce qui était voué à être bien plus qu'un bon chronomètre. Je reconnais que je me sentais un peu éberluée d'avoir ainsi modifié la trajectoire. Un moment à la fois, je me suis concentrée sur ce qui se passait au-devant, sans questionner le passé. Comme Anne complétait une boucle en solo, à la mi-noirceur, en entreprenait une autre, que Sylvain mettait au lit leurs marmots, j'ai pris la route pour faire une escapade à la maison, vers mes filles, afin de les serrer dans mes bras.

J'ai tâté le pouls, réalisé qu'elles allaient bien et j'ai repris la bretelle vers Bromont pour être de retour, dispo, avant l'arrivée de l'incroyable ultramarathonienne qui avançait maintenant sous la pluie avec ses ondées et son tonnerre. Anne avait couru pendant près de deux heures trente sans se ravitailler et la station d'arrêt arrivait à point. Étirements, vêtements chauds, provisions, collation et breuvages s'étaient enchainés assez rapidement et elle avait fait fi de la douleur pour repartir avec Sylvain. Je m'étais installée sur mon tapis de yoga, l'oreille aux aguets, prête à toute éventualité.

Une seule et unique direction

La trajectoire avait quelque peu varié au cours des dernières heures, mais elle n'avait pas corrompu la volonté de courir. On sentait que la fin du parcours approchait. La dernière vingtaine de kilomètres allait se faire en contrebas. À cette heure, je ne savais pas s'il fallait s'attendre à un alignement sans pause. Éventuellement, Anne avait franchi la porte, transie de froid, pour m'annoncer qu'il ne restait plus qu'une boucle à compléter. À demi endormie, j'ai enfilé mes espadrilles, mon manteau, mes gants et me suis assurée d'avoir une lampe frontale fonctionnelle (l'expérience m'a appris que celle-ci pouvait s'avérer assez cruciale quand on voulait avancer).

Il était quatre heures trente du matin. Nous avons franchi la porte pour sortir une dernière fois, à près de zéro degrés et plein d'étoiles. Les sentiers du Mont Oak, constituants de la deuxième des boucles d'origine, étaient remplis de feuilles. Le sol offrait une bonne adhérence même si la pluie avait été continue au cours des dernières heures. Les quelque sept derniers kilomètres ne l'avaient pas invitée et nous progressions en continu, lentement.

BU jusqu'au bout

Au petit matin, sous la barre des vingt-quatre heures, Anne complétait son 160e kilomètre. Sa constance, sa résilience et sa volonté auront réussi à transporter, d'un cadran à l'autre, un baluchon rempli d'intentions, de pensées et de présence. Sylvain, à son arrivée, a doucement pris le relais pour assurer une transition vers la chaleur, le repos et le retour à la famille. Le phare avait joué son rôle. J'ai accroché ma lanterne, puis, en les saluant, j'ai pris la direction d'Orford, histoire de prendre soin de ma famille. En arrivant, j'ai allumé un feu. Je m'y suis assise, après avoir préparé la cuisine pour le déjeuner. La journée s'amorçait tranquillement. Je me suis promis de l'accueillir, un moment à la fois, en paix. Les yeux fatigués, le corps emprunté, mais le coeur rempli de reconnaissance pour l'expérience, pour ses apprentissages. L'histoire d'un instant, j'ai apprécié le fait d'avoir pris la décision d'écouter les signaux que je percevais. Puis, ma fille est venue s'asseoir à mes côtés, auprès du feu. J'ai eu l'impression d'entamer dimanche comme on entame un nouveau cycle. Avec gratitude. *Higher Path*

LE REPOS

« L'homme libre possède le temps. L'homme qui
maîtrise l'espace est simplement puissant. En ville, les
minutes, les heures, les années nous échappent. Elles
coulent dans la plaie du temps blessé. Dans la cabane,
le temps se calme. Il se couche à vos pieds en vieux
chien gentil et, soudain, on ne sait même plus qu'il est
là. Je suis libre parce que mes journées le sont. »

~ Sylvain Tesson ~

LA PETITE HISTOIRE

L'été bat son plein. Ma chemise me colle à la peau; la chaleur em-
pourpre mes joues. Entre deux séries de rondes de course, nos push
up s'allongent lorsque l'une d'entre nous se sent fatiguée. Le peloton se tisse de plus en plus et il fait partie de ce qui nous aide ou
nous contraint à continuer, selon les perceptions. À seize ans bien
sonnés, je me suis engagée dans un camp de PT (Physical Training)
avec les cadets de l'armée. Je vis, entourée de mes collègues, dans un
dortoir où la discipline est un exercice de tout instant. Pas d'excès,
pas de plis, une absence de désordre. Nous sommes rangées comme
l'est l'environnement. J'ai deux chemises vert lime, deux t-shirts, un
pantalon et deux paires de short. Gris, pour la neutralité, j'imagine.

Je me sens partagée entre mon intérêt pour tout ce qui demande un effort physique – notre routine – et un besoin de relâcher la pression. Je me sais efficace sur le terrain, mais il me manque quelque chose. Le matin avance. Nos pas de course longent maintenant la route, faisant se soulever des nuages de poussière. Certaines sont plus enthousiastes que d'autres à l'idée de nous rendre au gymnase pour disputer un match de basket. Qu'à cela ne tienne, le programme est établi et il ne se discute pas. Une fois la porte franchie, je me précipite pour recevoir un ballon et attendre patiemment la permission d'occuper le terrain. Le bruit de nos pas se tait, le temps qu'on nous assigne des équipes. L'officier souffle dans son sifflet et la partie prend son envol, ce qui me permet de prendre le mien aussi. Je capte une passe et, rapidement, je drible sur le plancher élimé, prenant de l'élan. J'ai la sensation qu'un ressort me tient et me pousse les jambes, ce qui m'amuse. Je saute avec une bonne amplitude. Le ballon entre dans le panier. Mon mouvement semble bien coordonné, pourtant, au moment où mon pied droit se repose au sol, j'entends un craquement qui me saisit. Je ne veux pas en parler, mais il me faut quand même m'asseoir un peu... avant de reprendre la route, en courant, vers notre baraque. Quelques heures plus tard, un sac à l'épaule, nous quittons le camp : c'est la fin de semaine de permission. Si tôt de retour à la maison, mes parents me scrutent du regard. Ma cheville est énorme et juillet, dans ma sandale, ne permet pas de cacher son apparence.

S'ensuit une visite à l'hôpital, un plâtre, puis le périple du retour au camp, incluant quelques heures en voiture... et un découpage de plâtre. J'avais décidé que mes activités se poursuivraient. L'abandon était hors de question. Une semaine plus tard, soit au vingt et unième jour, ma cheville et mon pied paraissaient aussi gonflés qu'une pastèque. J'ai été forcée de déclarer forfait et c'est dans la foulée de cette saison estivale que le repos s'est imposé, temporairement.

Je n'étais pas prête à lâcher prise, encore moins à accueillir et les années ont forgé ce chemin qui continue de me rappeler à quel point il est vital d'en faire une priorité.

Et si cela n'avait rien avoir avec une fatalité ou un échec?

LE PARALLÈLE

Les moments de repos font partie des essentiels qui paraissent, souvent, facile à reporter, à mettre de côté, voire à oublier... jusqu'à ce qu'ils nous rattrapent. Courir sur de longues distances amène parfois à mettre de côté cette dimension, stimulant l'endurance, la capacité à dépasser la routine et le rythme qui sont peut-être plus usuels. Les enfants, couplés à l'entraînement, m'ont fait constater que je ne pouvais pas m'en priver indéfiniment. J'aurais tellement aimé avoir quarante-huit heures dans une journée... ou encore la possibilité de ne pas avoir besoin de sommeil pour nourrir un cerveau hyperactif. Je crois bien que le mouvement et la soif que j'ai de courir permettent à tout ce qui se trame de l'intérieur de se mouvoir autrement, avec davantage d'oxygène et d'espace.

Ainsi, j'ai déjà fait le choix de m'entraîner, sur de longues périodes, en coupant à même les heures de sommeil. Dormir moins me paraissait tout à fait logique parce que je n'appréciais pas nécessairement ces moments. Pour être franche, il était plutôt rare que j'aie l'impression d'avoir bien dormi. Un réveil avec, au corps, une sensation de fatigue était chose courante et j'avais appris à faire en conséquence de la chose. Gérer l'hypertension m'a permis de me sentir plus reposée. C'est, tout de même, un aspect du quotidien que j'apprends encore à apprivoiser.

Il me paraît bien facile de tenter de garder le cap jusqu'à ce que la fatigue et l'épuisement prennent trop de place. Parce qu'on veut bien faire, y aller au mieux, parce qu'on veut pouvoir donner tout ce qu'on a, ne pas décrocher, avoir la sensation d'être exemplaire. Certains relieront ces termes à celui de performance. Soit. On peut comprendre que la notion de performance implique un dépassement hors du commun, que pour y plonger, il faille faire des choix, des sacrifices pour certains, prendre une direction qui ne sera pas nécessairement celle de la majorité. Qu'on rattache l'activité sportive à ce concept ou non, il n'en reste pas moins que la tendance à vouloir offrir le maximum se répercute aussi chez les gens passionnés. Lorsqu'on s'investit à fond, il est quelquefois difficile de se rappeler qu'il est pertinent de prendre une pause. Que nous avons, nous aussi, besoin de repos. Que la ligne qui trace la limite entre un grand investissement personnel et l'épuisement peut s'avérer vraiment mince. Trop souvent, je crois, il nous est donné de le réaliser alors que nous l'avons déjà franchie. C'est peut-être ainsi que l'expérience et la sagesse prennent racine; elles nous enseignent, dans l'action, qu'il est fondamental de reconnaître l'importance de l'inaction, aussi paradoxal cela puisse-t-il paraître.

Billet

| Petit Novembre

Entre deux saisons, il existe une adaptation. D'un instant à l'autre, on se laisse surprendre parce qu'on ne se souvient pas toujours de ce qui se produit, ici, intérieurement et extérieurement. L'approche de l'hiver, c'est comme choisir de faire le pas avant le grand saut.

Novembre et l'entraînement s'entremêlent. Novembre, c'est explorer le territoire d'un autre oeil, prendre le temps de s'adapter au changement de température. Sortir et être bercé par une lumière bleutée. Se dire qu'il est bon, parfois, de se donner un temps de répit. Rigoler encore parce qu'on a oublié de mettre des crampons et qu'on glisse sur les rochers comme si on faisait de la luge. C'est aussi chercher une deuxième paire de gants ou des souliers qui ne soient pas trempés : une mission qui s'avère bien délicate! Ce qu'on appelle, en d'autres mots, « Heading for Winter » et que je traduirais par « une ascension vers l'hiver. »

Il semblerait, ces jours-ci, que le soleil joue à cache-cache. Que la nature oeuvre au ralenti, comme si elle nous invitait à en faire de même. J'ai l'impression que le fait de jouer dehors, de prendre le temps de respirer un peu encourage la synchronisation avec ce rythme. Et pourtant, c'est aussi un temps où les projets pointent le nez, où on envisage tout ce qui pourrait être pondu à l'approche du prochain printemps. À l'image d'une vague qui semble se cristalliser, la vie fourmille en dessous. L'engourdissement s'en porte garant. Et c'est temporaire, parce qu'on se réchauffe bien vite, une fois le nouveau rythme adopté. Alors que l'heure change et que nos corps se réajustent, il se passe quelque chose.

Je ne peux m'empêcher de repenser aux moments forts de ces derniers mois, à tous ces instants où j'ai eu chaud pendant l'entraînement, où les intervalles m'ont semblé passer si vite. À tous ces gens qui ont pris leur courage à deux mains, qui ont voulu s'amuser, qui sont sortis pour profiter de ce que nos forêts, nos montagnes, nos lacs et nos routes avaient à offrir. À ces lignes d'arrivées, ces Finish Lines qui ont enveloppé tout le chemin parcouru — et partagé — au cours des saisons chaudes. À tous ceux et celles qui m'ont accompagnée. Ça remue.

Retracer ces instants où les objectifs ont été déposés sur la table, où je me suis penchée pour me dire que j'aimerais vraiment voir pousser un rêve, une ligne, une direction, ça fait l'effet d'un cadeau qu'on s'offre et qu'on ouvre comme un enfant, à Noël. Avec étonnement, avec émerveillement et avec une certaine dose d'innocence aussi.

Les projets

Quand un projet de course se pointe au carré de l'imagination, on dirait qu'une histoire commence à s'écrire. Chaque fois, peu importe le choix et la distance, il se mue en une idée, avec des ailes et des racines, qui prend forme et qui me dit qu'il y a toujours une façon de dessiner une opportunité pour aller vers ce qui m'interpelle. Et surtout, que ça peut être simple. Parce que ça commence au moment où, chaque jour, je franchis la porte et que je décide d'y aller. Moi, je mets mes chaussures, mais certains y vont même nu-pieds (plus rarement en hiver, mais ça se fait). L'important, c'est d'avancer. Et, notion de circonstance, de se vêtir convenablement, mais pas trop non plus.

Je trépigne d'impatience. Je sais que le repos est nécessaire, mais je ne peux pas m'empêcher de penser à tous ces trajets que j'aimerais entreprendre — et compléter — avec un féroce appétit de découverte. Ce qu'on esquisse et travaille à faire grandir peut mener à un sentiment d'accomplissement. La vie aussi. J'ai déjà mentionné que je me sentais heureuse du simple fait de pouvoir marcher et courir sur mes deux jambes, de pouvoir sortir dehors et de respirer l'air qui m'entoure. Alors quand je me lance dans l'action, dans la course, dans la montagne, j'ai l'impression que tout est possible. Il y a une espèce d'intemporalité — je ne vois pas le temps passer — dans le fait de bouger, d'être pleinement dans l'action et de pouvoir observer ce qui se développe au-devant de soi.

La liste et le tableau — les semis pour le jardin de la prochaine saison — sont en cours de réalisation. Cultiver ce qui mènera aux prochains longs kilomètres alimente et passionne. Il y a aussi la famille, les amis, le ski, le patin et les surprises. Le défi, j'ai l'impression, est de parvenir à donner un souffle à ce qui vibre fort, fort et de s'en envelopper, jusqu'au bout. Je crois qu'il peut s'agir d'un défi parce que ce qui vibre ne parle pas toujours tout haut. Tout le monde ne l'entendra peut-être pas, à priori.

La fréquence

Parfois, ça murmure. Parfois, ça ronronne. Moi, c'est ce qui me tiens au chaud. C'est ce qui te tiens peut-être au chaud aussi, mais à ta façon à toi. Prendre le temps de l'entendre et de l'écouter, c'est tracer sa carte. Celle qui compte. Celle que l'on a envie d'ouvrir comme ce cadeau, à Noël. Celle qui permet de se fixer des objectifs, de construire ses rêves et de se sentir prêt ou encore complètement vulnérable, face à ce qui s'en vient.

Le temps passe vite...

Et je cours encore.

LA CONFIANCE

« S'engager à plonger — ce moment où l'on se libère
et on l'on entreprend quelque chose — demande du
courage, mais le courage est la clé pour que grandisse,
toujours, la confiance. »

~ Dan Sullivan ~

LA PETITE HISTOIRE

Avant l'école...

À l'arrière du bâtiment, l'escalier compte une dizaine de marches. Les logements de notre immeuble me font l'effet d'une grosse ruche où pullulent les habitants. Je n'ai pas encore cinq ans et mes souvenirs les plus précieux sont ceux de l'adoption de verres de terre, de discussions avec les abeilles, d'exodes en tricycle, loin de la maison familiale — celle d'avant — et de jus de raisin (je n'aimais pas le lait; j'avais d'ailleurs confié, depuis longtemps, le sein de ma mère à mon frère). Dans la cour arrière, quelques enfants jouent et semblent discuter de façon véhémente, puis faire silence. Je ne les vois plus. Mes yeux ne décodant plus de mouvement, je me dirige vers les escaliers pour reprendre le chemin de l'appartement, celui que nous habitons en attendant la prochaine maison. Au pied de l'escalier, un espace crée une forme de grotte. J'entends qu'on m'appelle et j'ai bien l'impression que le son provient de cet espace. En m'approchant, je distingue trois enfants, dessinés entre l'ombre et le mur. Un peu plus grands que moi, mais loin de paraître cordés dans un coin. Curieuse et craintive à la fois, je m'approche en répondant à leurs voix. En entrant sous l'escalier, à quatre ans, j'ai la sensation très forte que je ne pourrai pas en ressortir librement. La confiance est un concept que je ne connais pas : avec la naïveté d'une enfant, je le porte en moi, avec moi, et j'ai alors eu l'impression de l'échapper, le temps de ce trou dans l'escalier, comme dans ma conscience, la suite affiche un trou noir.

Sur les bords d'un fleuve

L'emploi de mon père nous transporte d'un ailleurs à un autre. Nous avons découvert un nouvel endroit, une nouvelle maison, centenaire, cette fois, pour abriter nos souvenirs, nos sourires, nos secrets. Ma mère est occupée et je crois qu'elle profite de moments de répit parce qu'elle ne s'est pas encore remise des changements, de ceux qui précipitent les choses. Le camion de déménagement semble avoir oublié plusieurs de nos effets personnels, mais peu importe : le temps file. À l'école, encore nouvelle, j'essaie de décoder les habitudes et de passer inaperçue. Peine perdue; moi, mon frère et ma soeur n'avons pas tout à fait le même accent que les autres. La timidité ne m'empêche pas de répondre, ici et là, lorsque j'ai l'impression d'observer une injustice ou une situation insensée. J'ai d'ailleurs fendu la lèvre de ce garçon qui cherchait à pousser un enfant ou deux du haut de la glissade. En me sentant coupable, j'ai repris le chemin de la maison. Mon père ne m'a pas réprimandée, bien au contraire, mais j'avais la mine basse. J'aurais aimé trouver une autre solution.

Peu de temps après, l'arrivée de celui qui était responsable de prendre soin de nous trois, en l'absence de mes parents, me bouscule. D'un jour à l'autre, le trou de la confiance s'ouvre et mes pensées s'embrouillent. Je ne comprends pas ce qui se passe. Et puis, un jour, en courant autour de la maison, mon frère et moi empruntons une porte vitrée, que je referme avant qu'il n'ait pu complètement la traverser. Son bras fendu en deux, sur le long, mon frère marque un temps d'arrêt alors que l'hémorragie souligne l'urgence de la situation. Je me sentais responsable et j'avais honte. Honte de garder le silence. Mais les mots, comme les larmes, se tenaient cois.

L'Afrique et son camp

L'occasion d'aller en brousse s'était présentée avec l'invitation de mon amie. Bintou avait onze ans elle aussi, et nous allions nous rendre à la plantation de sa famille sous la supervision de son demi et grand frère. Je ne l'avais pas côtoyé, tout au plus croisé à l'école et à quelques occasions, lorsque je rendais visite à Bintou. Sa chambre, une cabine de pierre blanchie bordée de bouteilles remplies d'urine, me rendait perplexe. Les moeurs n'étaient peut-être pas les mêmes là-bas et, par respect, je ne posais pas de questions à mon amie.

Quoi qu'il en soit, je m'imaginais afficher un air contrit lorsque je traversais le portail, puis l'allée adjacente à la chambre, pour me rendre à la salle de séjour. Je me grattais les yeux en signe d'inconfort. En arrivant à la plantation, les yeux me piquent. La nuit tombe et les installations, peu éclairées, me font l'effet d'un film dont le mystère dépasse l'entendement. J'ai l'impression qu'une atmosphère étrange s'installe, mais je ne trouve pas les mots pour exprimer ce que je ressens. Bintou me paraît bien sérieuse, d'une fragilité que je ne lui connais pas. Pendant quelques heures, et à contre coeur, je m'interpose entre mon amie et son frère. Pendant de nombreuses autres heures et à contre coeur, je ne sais plus ce qu'est la confiance. Elle me parait aussi souillée que ces bouteilles d'urines le long d'une chambre qui me fait frissonner...

Les amoureux

La confiance est comme une porcelaine que l'on recolle avec patience et minutie. Parfois, elle s'abîme à nouveau et il faut permettre au temps de faire son oeuvre pour que puisse en renaître une pièce qui n'est pas identique à l'originale, mais qui offre sa richesse en transposant des parcelles de son histoire. Ses craquelures, ses lignes et les aspérités qui ont voyagé avec elle font partie de ce qui la composent. Mon premier amour, puis les quelques autres qui auront suivi m'auront permis de constater que chacun des morceaux que l'on recolle a sa valeur. Qu'ils demeurent précieux et que même si certains moments ravivent des blessures, il s'en trouve d'autres pour mieux apprendre à les guérir. Tisser la confiance comme on tisse la vie. En faire un cadeau...

LE PARALLÈLE

Dans la vie comme à la course, il peut toujours y avoir mille et une raisons de ne pas se faire confiance, de douter, de reculer et de cesser de croire en ce qui nous anime. Ainsi en va-t-il de l'attitude inverse. Pour certains, cette réalité semble plus présente que pour d'autres. Pour moi, c'est un enjeu de taille. J'apprends encore à aller de l'avant en mettant de côté, ou du moins entre parenthèses, les doutes.

Effectuer une démarche qui implique la confiance fait partie de ce que nous développons et qui a un impact important sur le parcours que nous choisissons d'emprunter en tant qu'athlètes, en tant que sportifs, en tant qu'êtres humains voués à bouger et en tant qu'êtres vivants tout court aussi. Investir dans un entraînement, dans une routine qui mènent à un événement sportif représente beaucoup du point de vue de la connaissance de soi et de cette confiance parce que, peu importe où nous en serons dans nos cheminements respectifs, le fait de nous dépasser mènera, inévitablement, à l'exploration de ces territoires sous un angle unique. Chaque sortie peut représenter une occasion de mettre celle-ci à l'épreuve. Elle peut aussi nous permettre de gagner en confiance et de reconnaître que nous sommes en mesure d'y arriver, de réussir, de nous améliorer, etc. Apprendre à avoir confiance en soi ou cultiver davantage cet aspect de nos psychés favorise le fait d'envisager de relever des défis qui pourraient, à prime abord, nous paraître inaccessibles. Les enjeux sont différents, d'une personne à une autre, mais je crois que tous ont déjà connu ou connaîtront, au cours de leur vie, de ces moments qui titillent la confiance.

Billet

| ## Toucher la terre

« Si la course est un art, le pas marque son rythme, et ses routes sont un poème. Un précieux territoire de la pensée où jamais, les étoiles ne s'éteignent. »

~ Mickaël Préti ~

Vendredi, soir de pleine lune. Une pluie drue qui se répand, au pied comme en haut de la montagne. Ce soir, dans le stationnement, je suis seule. Comme si la température, le moment et la lune, peut-être, m'avaient accordé un silence. Je savais que certains collègues planifiaient une descente en Zipfy (traîneau à neige actualisé, pour aventureux) cependant, je ne voyais personne à l'horizon. Sortie de printemps avec des airs d'hiver, un panorama tout en nuages, une sensation de pleine lune... cachée là-haut, quelque part.

Marcher, puis courir dans la neige, dans la glace, en montée et en descente, nourrit quelque chose de particulier : le désir de connecter autrement avec la notion de temporalité, de savourer l'instant en même temps que celui de prendre d'assaut la pente, l'abrupte, en respirant un peu plus fort, juste pour voir à quel point on peut y accélérer. Pas trop. Juste assez. Parce que c'est vendredi soir. Parce que c'est Vendredi Saint. Calme. Tranquille. Seule sur la montagne... enfin, c'est ce que mon imagination envisage, les yeux grands ouverts.

J'adore la neige et j'ai respiré avec l'hiver, comme s'il s'agissait, chaque jour, d'une bénédiction. Pourtant, au cours de la dernière semaine, j'ai soudainement eu envie que les surfaces soient vertes, qu'on me rappelle à mes *shorts*, que le soleil se fasse trop chaud sur mon visage. J'ai eu envie de prier pour l'apparition d'un *Mr Freeze*, comme quand la sueur se fait aussi abondante que l'eau d'une piscine. Et j'ai aussi eu l'idée de souhaiter que mes souliers ne soient pas recouverts de neige, mais de boue, de cette belle brassée de terre fraîche, mouillée de surcroît, qui recouvre nos pieds, parfois jusque dans nos chaussettes, dans ces moments de transition entre les saisons. Appeler la chaleur pour courir autrement. Changer le point d'attention, le focus.

À la tombée du jour, il fait tout de même un peu plus doux. Cette pluie, que Pâques transporte avec elle, circule aussi. Dans les pentes, elle crée des sillons qui s'ajoutent aux plaques de glace environnantes, mais aussi des passages où l'on commence à distinguer les grenailles, les cailloux, au sol. J'entends l'eau qui s'écoule des monticules rocheux, encore recouverts de glace, et je ralentis le rythme pour capter pleinement le bruit de ces morceaux de printemps, ce qui s'éveille discrètement, ici. Le bruit de mes crampons, compagnons du dénivelé en montagne, semble faire écho à ma respiration, régulière. Au cours de ces quelques heures, à la montagne, je n'ouvrirai la bouche que pour saluer un lièvre, tout blanc, qui file sous un boisé. La cadence, parfois très rapide, ne m'empêche pas de sourire parce qu'il y a, même dans ces sorties d'entraînement, quelque chose de spécial. Comme si chaque moment portait son empreinte. Comme s'il me rappelait qu'il était unique et que j'avais fait un choix éclairé... éventuellement par ma lampe frontale.

Après avoir songé à m'assoupir, j'ai décidé d'enfiler un imperméable au lieu d'un pyjama. De filer au point montagneux le plus près. Éclairée par un élan qui me dit que j'ai besoin de nature. De sentir l'air frais, le sol. D'observer ce qui se passe tout autour, dans ce paysage qui s'étend, lorsque le ciel est dégagé, sur une pléiade de montagnes que j'aimerais bien parcourir à pied, au pas de course, l'une à la suite de l'autre. En ce vendredi soir, au sommet d'Orford, les nuages m'enveloppent et je n'ai pas le loisir de jeter un coup d'oeil au loin. Je peux ressentir, par contre, la densité de l'espace. La pluie tombe. Je l'apprécie. Lors de ma première descente, le voile de nuages s'estompe lentement, tout près du pied des pentes. Par curiosité, parce que j'en ai encore envie et parce que la température, alliée à la nuit qui s'amène ont tendance à brouiller les repères, je reprends l'ascension. Celle-ci n'a rien de l'Everest, j'en conviens, mais ça fait du bien. C'est un lieu accessible et on peut s'y perdre pendant des heures... pour mieux se retrouver.

Certains diront qu'il faut être un peu fou ou folle pour sortir dehors, un vendredi soir aux airs gris-noir, alors qu'il pleut et qu'on n'y voit rien. C'est possible. Je crois qu'à l'entraînement comme en temps de loisirs ou de compétition, la folie peut être utile. Par exemple, croiser un lièvre tout blanc, bondissant juste devant moi, le soir d'un Vendredi Saint, m'a donné l'impression de me trouver dans l'histoire d'Alice au Pays des merveilles. Et le temps file. Je n'ai pas vu de montre — de ce fait, j'avais oublié la mienne — alors je me suis dit que, tous les deux, on ne devait pas être bien pressés. On peut aborder l'entraînement et l'activité physique, au sens large, de façon ultra logique, mais j'aime bien penser que ce sont des paradigmes qui permettent aussi d'alimenter l'imagination. On en parle de toutes sortes de façons : d'espaces où l'on se sent dans l'instant présent, pleinement connecté(e) avec tout ce qui nous entoure; d'espaces méditatifs, où l'introspection, alliée à la respiration du moment, créent la paix; d'espaces dynamiques, où les secondes, les minutes, les heures s'écoulent comme un éclair; d'espaces, enfin, propices à coudre et à découdre ce qui a existé, ce qui existe et ce qui sera peut-être, un jour... parce qu'on aura bien voulu l'imaginer. Qu'il s'agisse de la fibre d'autrice ou de la petite et de la grande Isabelle en moi, c'est inévitable : j'y retrouve toujours quelque chose de magique. Ce sont des moments où je ne cherche pas à expliquer, mais simplement à ressentir ce qui est et à bouger en sa compagnie.

C'est peut-être aussi, ou essentiellement, ce que fait un athlète : bouger avec ce qui est. Composer avec ses aptitudes, ses capacités, ses objectifs et les projets qui se sont vus dessinés. Composer avec l'imprévu. Avec l'inconnu, comme en algèbre. La course en sentier est un monde particulier et j'ai pourtant l'impression que cela s'applique avec autant de valeur. J'écrivais, récemment, qu'être un coureur (une coureuse) en sentier était peut-être un peu comme être un cowboy de l'espace. C'est un autre univers. Les possibilités s'étendent, presque littéralement, à l'infini. Et si on franchissait, un jour, des passerelles qui nous permettent de courir entre la Terre et les autres planètes? À noter dans nos cahiers au cas où il s'agirait d'une pensée visionnaire, comme au temps où imaginer voir quelqu'un dans un téléphone semblait totalement surréaliste! Enfin, vraiment, à tous ceux qui découvrent ce sport ou qui se sont déjà laissé emporter par sa vigueur et ses airs libertins, je lève mon chapeau (de cowboy) : les soirées ou les matins en pyjamas, quelquefois troqués pour l'apparat du coureur, ont quelque chose d'unique parce qu'ils nous interpellent. Peu importe la distance parcourue, le choix de trajet, la classification ou les rêves qui l'accompagnent, ces moments ont une valeur. Parce qu'ils représentent, pour vous, pour moi, pour toi, une perle. Un instant de la vie qui ne se produit qu'une fois. Qui changera, dans une seconde.

Alors, cowboy de l'espace, quand tes muscles te feront souffrir, quand ta tête te dira qu'elle n'en peut plus, souviens-toi de ces jours de pluie, des choix que tu as fait et de la grandeur que tu as pu voir, ressentir et respirer, ici et là. Ce sont eux qui te porteront jusqu'au fil d'arrivée. Ils te rappelleront qui tu es et le temps que tu t'es accordé pour le célébrer, cette fois. Parce qu'il y en aura d'autres : l'espace, c'est tellement grand!

LA NATURE

« Demeure à proximité du coeur de la nature... et prends soin de t'y enfouir, de temps en temps, d'en grimper une montagne, de séjourner une semaine dans sa forêt. Rafraîchis ainsi ton esprit. »

~ John Muir ~

LA PETITE HISTOIRE

Mes vêtements sont empilés sur le coin de la table de nuit, juste à côté du duo montre-lampe frontale. Conditionnée à ne pas réfléchir à l'annonce — le son de mon cadran — de la fin de la nuit, je me laisse emporter par le sommeil. Mon sac à dos et mes bottes sont déposés près de la porte en attendant que les heures passent.

Le ciel, embué par ses nuages et noircit de bleu sombre, ne laisse pas encore poindre la lumière du jour. Le petit matin n'existe que dans le creux de mes yeux, un peu endormis. J'enfile un chandail, puis un autre, un pantalon, paires de chaussettes et cache-cou en double aussi, puis je recouvre ma tête d'une tuque bien chaude. Bon nombre de petits matins d'hiver m'attendent sur le pas de la porte, passées la maisonnette et la chaleur du poêle à bois. En enfilant mes bottes de ski alpinisme, je visualise le plan de la sortie que je m'apprête à faire. Quelques kilomètres à rouler me séparent de la montagne. Ils me rappellent que la température joue bien en-deçà de zéro, assez pour remercier la vie de pouvoir me vêtir chaudement.

La route semble déserte jusqu'aux abords de la montagne, où plusieurs employés travaillent déjà à près de cinq heures du matin. Ma voiture s'arrête et j'en descend promptement. En appuyant sur les boutons de ma montre, je vois défiler les possibilités pour la journée qui s'amorcera bientôt. Lumière allumée, faisceau qui pointe au-devant, fixations attachées, j'entreprends une première montée. Il fait sombre, le froid se dépose sur mon visage et pourtant, je me sens enveloppée, portée. Mon souffle trouve sa place avec une cadence qui se réveille. La montagne, blanchie, offre un terrain dont la paix fait du bien.

Les bruits environnants semblent dissipés, peu nombreux. Devant moi, les traces de petits animaux décorent le trajet. Plus les minutes passent, plus le lever du soleil se laisse deviner. Ma deuxième ascension me permet de l'observer comme un tableau que l'on ne voit qu'une fois et qui nous imprègne pour longtemps. Même en entraînement, même à bout de souffle, je ne peux que savourer ce qui m'entoure, la beauté et la force de la nature. Mes mots me semblent bien futiles pour tenter de décrire ce que je vois. La vibration et l'unicité de ce moment, de ce lever, me sont précieux. Le visage, rempli de cristaux de neige et d'émotion, je redescends, à nouveau. Gravir une montagne fait partie de ces expériences que les années n'effritent pas.

La gravir, puis la redescendre pour recommencer et me rappeler, de temps à autres, que je me suis engagée à reprendre la course pour moi, là où je l'avais laissée, il y a longtemps...

Ce temps...

La piste fait trois cents mètres. Trois cents mètres formés en une boucle au milieu de laquelle a été plantée une aire de jeux pour les enfants. J'habite au village depuis peu et je découvre cet espace avec enthousiasme. Je me demandais justement comment j'allais parvenir à trouver des moments pour bouger, pour moi, tout en prenant soin de mes enfants. L'aire et sa structure sont récentes, l'air est bon et le paysage, enchanteur. De petits feuillus bordent le parc, un cours d'eau se trouve à proximité et les installations, pour les petits, se dressent en une formidable explosion de couleurs. J'ai décidé d'enfiler à nouveau mes espadrilles pour courir, après de longs moments d'hésitation, de tergiversation et d'innombrables heures de marche. Pour aujourd'hui, neuf cents mètres. Neuf cents mètres sur la piste pendant que mes enfants grimpent au milieu du parc. Au fil des jours et des semaines, les centaines de mètres deviennent des kilomètres et je déniche une gardienne pour prendre le relais avec mes filles, à la maison. La piste autour du parc devient le sentier, puis la route qui mène à la montagne, en quête de découvertes et de nouveaux repères, de nouvelles transformations. D'occasions de recommencer.

LE PARALLÈLE

Tout coureur, toute coureuse en sentier a déjà ressenti, je crois, l'appel de la nature. Une force, une beauté, un dénuement qui guident les trajets empruntés, qu'ils aient été déterminés au préalable ou encore improvisés une fois sur les lieux. Courir en milieu naturel est une activité salvatrice en soi.

Certains y voient une opportunité de dépassement alors que d'autres en font une méditation et d'autres encore, l'occasion de partager un moment de qualité avec ceux et celles qui les accompagnent. La course en sentier a d'ailleurs connu un essor

considérable au cours des dernières années. Ceux qui la prati-
quaient déjà ont vu les occasions de participer à certains événements se multiplier, créant de nouvelles opportunités à toutes
échelles (locales, régionales, internationales). Les passionnés
semblent de plus en plus nombreux et même si peu de gens en
font un métier, il n'est pas rare de croiser des groupes de coureurs
pour lesquels la pratique de ce sport constitue une aventure dont
ils ne se passeraient pas.

Au moment d'écrire ces lignes, nos nations sont en crise. Outre
toutes les précautions, les changements et l'adaptation qui entrent
en jeu, celle-ci nous fait prendre conscience de la valeur de ce qui
nous anime comme du privilège que nous avons de pouvoir encore
courir. Il faut parfois faire preuve d'ingéniosité, mais il demeure
que la course est une activité physique riche et simple en soi, donc
accessible à une grande majorité.

Pour plusieurs, la nature est un élément clé dans la routine d'entraînement. Elle permet de se ressourcer, de faire le vide ou encore de
trouver de l'inspiration. Elle apporte une autre dimension à la pratique de la course pour de multiples raisons : on se permet, entre
autres, de fouler un sol qui ne sera pas nécessairement linéaire,
qui comportera toutes sortes d'aspérités, de plats, d'abrupts, de
spécificités variant en fonction des types de terrains, de la locali-
sation, de la période de l'année pendant laquelle on pratique.

En ce sens, la température joue un rôle tout aussi important dans
la démarche, puisqu'une adaptation s'avère nécessaire en fonction
de la réalité qu'elle engendre. Courir sous la neige sous-entend
l'usage de vêtements, de chaussures, de suppléments peut-être
bien différents de ceux qu'on utiliserait lors d'une sortie en pleine
période de canicule.

Les bénéfices d'une telle pratique sont nombreux. Le fait d'avoir accès à un ensemble de lieux et de terrains extérieurs nous permet de prendre conscience de l'importance de ces milieux, de la faune, de la valeur qu'on y accorde de même que de la nécessité — voir l'urgence — d'en prendre soin. En y évoluant, nous sommes appelés à être témoins de ce qui s'y vit, de sa beauté comme de ses zones dévastées, polluées et parfois oubliées du grand public. Courir peut donc, pour certains et certaines d'entre nous, devenir un vecteur de changement, de communication et de partage afin que nous puissions continuer de prendre conscience des réalités dont nous faisons partie.

Billet

| ## Le prolongement

Aujourd'hui, il pleut un peu. En attendant que la nature ponde ses flocons, en regardant par la fenêtre, j'ai l'impression de voir les mois qui défilent. Pas ceux qui sont relayés aux souvenirs. Ceux qui s'en viennent. Avec le soleil, avec la neige, avec l'équilibre, la piqûre, les paysages, la famille, les proches et tous les rêves qui parlent. Le temps passe vite. Comme les voyages. Comme ces mouvements qui nous construisent.

Prendre le pouls de ce qui brille et de ce qui brûle en-dedans, comme en-dehors, pour construire de nouveaux projets, pour tisser la toile de ce qui nous parle et qui nous fait bouger. Trouver un sens à toutes ces pensées qui nous animent. Concilier les exigences du quotidien, le bonheur des siens, avec ce qui nous interpelle. Façonner ce que personne d'autre que soi ne peut envisager : le rêve, la vision, les souhaits qui correspondent à ce que nous sommes, véritablement. De fond en comble. De bas en haut et de haut en bas. En six dimensions. On me l'a souvent dit et j'y reviens toujours : la seule personne qui peut réveiller ce qui bouillonne au-dedans et lui donner vie, c'est soi. On peut être motivé, encouragé, soutenu, applaudi, hué, enfin, peu importe parce qu'en fin de compte, la motivation, c'est personnel.

Autrefois, je me sentais horrifiée à l'idée que le chemin de chacun était voué à s'exposer telle une quête solitaire. Aujourd'hui, j'en doute. Il est vrai qu'une personne est tenue de faire tourner la roue de la vie, de faire ses choix et de concocter sa recette avec son intention, sa volonté et ses aspirations, mais j'ai la conviction que mettre l'épaule à cette roue engendre, inévitablement, un mouvement d'équipe, un mouvement de masse. On peut lire, ici et là : « Seul, on va plus vite. Ensemble, on va plus loin. » Ça fait réfléchir. Pourrait-on aller plus vite et plus loin à la fois? J'ai l'impression que le fait de se faire silence, de se couper de l'autre, ne rend pas service. Enfin, pas vraiment.

Ça peut sembler paradoxal, parce qu'on a tous besoin de temps d'arrêts, de moments méditatifs, de calme plat. Ponctuellement. Ces instants peuvent laisser poindre les priorités négligées. Ça compte. L'équilibre, pour moi, tient également au fait de reconnaître l'importance de ce balancement entre le mouvement et le temps d'arrêt, le ravitaillement.

Avec le temps, la course prend des airs d'aventure, elle demande de l'oeil, du coeur au ventre et une motivation qui vont plonger loin en-dedans. Les muscles sont là. L'entraînement prend tout son sens. La place se libère pour les instants qui se forgeront une beauté dans les souvenirs qui peuplent nos coiffes. Même sans l'ombre d'un cheveu. On s'en rappellera, sans nul doute et on aura envie de recommencer. Où sont les montagnes, les points d'eau, les gens qui accompagnent? Ceux avec qui on partage un bout de la topographie, en relief, en eau, en couleurs? En quoi croit-on?

Opportunivore. Un mot transmis par mon amie Joanne, il y a plus de quinze ans, et qui m'a souvent fait sourire. Nous étions alors un regroupement de végétariens, actifs, mais bien originaux, qui pourchassaient les grands espaces, l'air sauvage de l'Abitibi, entre deux Outaouais. Je collectionnais les plumes, entre les sorties, échafaudant un plan pour repartir à l'aventure. Puis, en plein hiver, j'ai croisé un harfang des Neiges, dehors. Dans le nord de l'Abitibi, le harfang m'a présenté un bébé : ma fille. Ma grande. Pas besoin de vous dire que le concept d'équilibre s'est imposé. J'ai un peu rangé mes valises et j'ai pris le temps de respirer très fort. Je me suis soignée. J'ai souhaité, de tout mon coeur, grandir avec elle. Sept mois et demi plus tard, elle m'aura conduite en Outaouais, où sa soeur nous attendait. Et douze années ayant passées, loin du harfang, mais entourée de dindons sauvages et de chevreuils, toutes les deux, elles me poussent, me confrontent, m'encouragent et m'inspirent aussi.

La Nature est un défi. La famille également. Comme le reste. C'est un peu de ce qui rend la vie belle et ardue à la fois. Défi égal objectifs. Les objectifs représentent, à tout coup, un pas vers l'avant. L'entraînement dépasse la routine. C'est un mode de vie. Tout dépend de la lunette avec laquelle on regarde le tout. Ici, je ne cherche pas la réponse. Je cherche l'action. Je ressens. Certains jours, comme ce matin, alors que mes jambes me paraissent bien raides, je remercie la pluie. Elle me donne un instant pour poser ce qui compte vraiment. J'irai probablement la visiter quand même, mais à un autre rythme. J'honorerai ce moment de pause parce que j'ai conscience d'en avoir bien besoin et que c'est nécessaire. Pour moi. Pour mes filles aussi. Tout passe.

Et c'est comme ça qu'on construit ce qui suivra, ce que sera l'étape qui parle le plus fort. Ce qui vibre et qui rayonne. Immanquablement. Ça dépasse les pronostics et les statistiques, ayant leur valeur, bien entendu, en temps et lieu.

L'important, c'est de sortir. L'important, c'est d'y croire. De l'imager. De trouver sa ligne. La mienne passe par les montagnes. Avec le sourire de mes enfants.

Et la vôtre, où s'en va-t-elle?

L'ANXIÉTÉ ET L'AUTOSABOTAGE

« L'astuce, c'est de pratiquer la douceur et le lâcher-prise. Au lieu de nous battre contre la confusion, nous pouvons venir au-devant d'elle et nous détendre. Ce faisant, nous découvrons progressivement que la clarté est toujours présente. Au cœur du plus mauvais scénario de la plus mauvaise personne du monde, au milieu de tous les dialogues insoutenables avec nous-mêmes, il y a toujours de l'espace ouvert. »

~ Pema Chödrön ~

LA PETITE HISTOIRE

J'ai acheté une voiture, une voiture d'un bleu de ciel dégagé en saison sans nuages. Mes enfants la trouvent bien drôle, avec ses immenses baies vitrées, faisant la quasi-totalité du tour de la voiture. Elle porte même un nom : Floralie. Floralie, une Hyundai Accent 1984, aux bancs de cuir et aux fenêtres aussi grandes qu'un sourire s'étirant d'une joue à l'autre.

Mes deux filles n'ont pas encore franchi les portes de l'école. L'été achève et notre petit logis, situé dans le haut d'une vieille grange, nous offre un refuge à l'abri des regards, de la ville, du bruit. La porte ne se verrouille même pas et nos visiteurs passent essentiellement par le plafond de tôle, nous laissant entrevoir, à l'occasion, des museaux par la fenêtre donnant sur la balustrade : une famille de six ratons laveurs, nourris à même le compost que produit notre cuisine, mais aussi celle de la fermette du coin. L'unique pièce que constitue la maisonnée est munie d'un petit réfrigérateur, de deux matelas, d'une table avec ses quatre chaises et de quelques étagères pour y déposer nos effets personnels. Avec nous, Satsuki, maman chat, cajole ses quatre chatons, emmitouflés dans mes vêtements. Enfin, je reçois, quelques jours par semaine, des élèves qui font l'école à la maison. Notre monde tourne autour d'un terrain où s'étalent un jardin, un verger, des sentiers où se cachent des fées (confectionnées par les enfants), un cours d'eau en lisière et de nombreux âcres de terres à explorer ou à franchir lorsqu'on envisage une visite au village.

L'hiver est rude. La neige ne nous permet pas de conduire Floralie jusqu'à la grange. Un traîneau nous sert de moyen de transport pour marcher le long du chemin et monter la côte nous permettant d'y accéder. Quand Arielle et Izna dorment, j'essaie de les installer l'une contre l'autre, dans ce traîneau, afin qu'elles ne se réveillent pas trop, que le froid et les aspérités qui bercent le traîneau passent, avec le sablier du temps, comme un rêve.

Cet endroit est épinglé sur la carte comme la somme d'expériences qui se muent en un point tournant. Pendant que Floralie, notre voiture, s'éteint et que l'on découvre le « life commute » qu'Izna pleure la tristesse qu'elle ressent dans les murs de son école, qu'Arielle apprend en jouant avec les enfants de sa prématernelle Waldorf, que je poursuis et que j'offre des cours, la vie nous pousse dans une nouvelle direction.

Avant d'y atterrir, une pétarade d'événements se succèdent : quatre changements de voiture (accidents), trois déménagements, de nombreuses consultations, des examens médicaux, une hémorragie prolongée, la rencontre d'un homme, le mariage de mon père, le transfert — d'un CHSLD à un autre — de ma mère, le décès de ma soeur, etc. Ma fille cadette, Arielle, transporte son lot de petites pierres, qu'elle tient fermement contre elle ou qu'elle installe dans le lit que nous partageons, le temps de nous sentir en sécurité. Je ne sais pas trop si la terre nous habite ou si nous l'effleurons, mais ces pierres, aussi étrange cela puisse-t-il paraître, me rappellent que les enfants conservent cette connexion à la terre, celle que je cherche à retrouver.

Ainsi, chaque nouvelle journée est un recommencement. Elle apporte ses défis et nous apprenons, avec elle, à reconstruire ce que nos esprits ont oublié de laisser grandir. En observant ce qui m'entoure, je découvre que tout n'est peut-être pas impossible et que les rêves peuvent aussi emprunter la porte de nos quotidiens. Quand ils franchissent cette porte, on les appelle objectifs, vision, démarche. Je n'ai aucune idée du temps qu'il me faudra, qu'il nous faudra pour vraiment marcher au-delà de celle-ci, mais j'ai le sentiment que nous y arriverons. Avec nos pieds, avec nos coeurs. Mon imagination me parle de montagnes et de douceur. D'ancrage. Tout comme mes enfants, miroirs de l'éphémère qui prend vie et qui pousse. Nous sommes avides d'un milieu où le quotidien s'étend au-delà des buildings et de la fumée des cheminées industrielles, où existent de chemins empruntés par une faune, une flore vivantes.

Sans certitudes, sans emploi, sans sécurité, Izna, Arielle, Satsuki et moi avons suivi le trajet des montagnes et nous sommes exilées, une autre fois, pour nous déposer dans les Cantons de l'Est.

La nouvelle direction

La direction que j'ai choisi d'appeler « abordage » pour contrer l'autosabotage...

LE PARALLÈLE

L'anxiété semble monnaie courante depuis un certain nombre d'années. Ou peut-être est-ce dû au fait qu'on en parle de plus en plus. Qu'on s'y ouvre. Elle n'a pas fait faux bond au domaine sportif, aussi, on retrouve ses effets parmi nombre de ceux et celles qui pratiquent une discipline comme la course, comme l'ultramarathon.

La façon dont l'anxiété se manifeste n'est pas identique à chacun. Pour certains, ce qui semble anodin peut avoir l'allure d'une montagne pour d'autres. Et c'est délicat. On ne voit pas toujours ce qui tiraille, ce qui fait souffrir quelqu'un lorsqu'on sort de la conception physique d'un corps. Ressentir l'anxiété implique d'avoir à faire face à ce qui a pris racine dans le subconscient, ce qui s'est imprimé, à un moment donné, et qui se transpose dans un moment plus actuel, un moment qui éveille nos sensations, nos doutes, nos peurs.

Sur la ligne de départ d'une course ou lorsqu'on entreprend un trajet en autonomie, sa présence nécessite un effort de conscience. Apprendre à détricoter ou à utiliser des trucs pour mieux gérer ses signaux, ses symptômes fait partie des outils qu'on peut songer à garder tout près de soi. À chérir. Qui n'a jamais vécu un moment de stress face aux attentes — les siennes ou celles des autres — en regard de l'atteinte d'un certain résultat? Être confronté à l'anxiété de performance ouvre une porte sur le défi, mais aussi sur l'importance de s'accueillir, d'assumer ce que nous voulons, celui ou celle que nous sommes, nos intentions, notre direction.

Parallèlement, l'autosabotage offre tout une variété de réalités qui poussent au doute, à la remise en question et qui pourraient, peut-être, conduire à l'abandon. Nos choix nous mènent toujours quelque part, mais il arrive que la destination ne soit pas celle que l'on avait envisagée. Se laisser verser dans ce parallèle alimente une peur qui peut être difficile à surmonter. Plus le temps d'activité, en course, s'allonge, plus ces notions peuvent s'estomper... ou s'amplifier. Le focus, le point d'attention changent, inévitablement. Les facteurs anxiogènes qui pourraient surgir, tout au long de la progression, occupent une place plus ou moins secondaire face à chacun de ces moments où il nous est donné de nous concentrer sur la respiration, l'aspect technique du parcours, les besoins de base (boire, manger, avancer, à défaut de se reposer).

Le fait de s'investir dans le moment tel qu'il se présente permet de changer la perspective, la perception que l'on a de ce qui est. L'idée de perdre un peu le contrôle — lâcher prise — ou l'équilibre lorsqu'on se sent très fatigué est d'actualité et c'est en partie au cours de ces moments que nos facultés mentales sont mises à l'épreuve. On peut y arriver ou se perdre dans les méandres de pensées qui paraissent plus ou moins sensées. Elles peuvent s'entrechoquer avec les efforts de préparation qui auront eu pour but de palier, précisément, à ces moments. Parfois, elles tournent en boucles et nous répètent ce que l'on préférerait ne pas entendre. Parfois elles se transforment en mantras, en souvenirs, en accents de motivation. Chacun y trouve son compte et l'expérience nous apprend à gérer ces périodes comme un laps de temps qui finira par passer. Parce que tout est temporaire, même lorsque que le temps semble beaucoup s'étirer. Peut-être nous faut-il simplement y croire...

« La grande ambition qui doit guider ta vie, c'est
de développer le meilleur de toi-même. C'est d'être
la meilleure personne possible et d'aider les autres
en apportant ta petite pierre à la construction
du monde. »

~ Frédéric Lenoir ~

Billet

> « Comme la nouvelle année approche et que
> nos esprits se tournent, inévitablement, vers les
> résolutions, je me souviens que la plupart d'entre
> nous surestimons ce que nous pouvons accomplir au
> cours d'une année. De même, nous sous-estimons ce
> qu'il nous est possible de réaliser dans le cadre d'une
> dizaine de ces années. En d'autres mots, play the long
> game. »
>
> ~ Rich Roll ~

Je me souviens des cendriers et de la cafetière, toujours pleins.
Des silences. Des éclats de voix aussi, ceux qui marquaient les
moments de débordement. De la personne qui nous gardait, moi,
mon frère et ma soeur, d'un peu trop près. De la voiture, au garage,
à l'intérieur de laquelle ma mère tentait de se perdre, plongée dans
les vapeurs toxiques.

Je me souviens de détails que j'aurais souvent préféré oublier.
Certains m'ont échappé, probablement accrochés au baluchon de
mes deux ou trois premières années d'existence...

Avec le temps, la conscience de la fragilité de nos vies m'a heurtée.
Je ne m'en faisais pas trop pour la mienne, mais pour celle de mes
proches. Voir ma mère, puis mon père tomber. Choisir l'anorexie
comme porte de sortie, alors que je n'arrivais pas réellement à

exprimer. Faire de l'hypertension et de la colite ulcéreuse des ultimatums en regard d'un besoin de transformation. Entendre, au téléphone, que mon frère, puis ma soeur avaient tiré sur le fil de leur vie pour le débrancher. Lire que deux de mes oncles, parmi quelques autres, avaient fait ce même choix. Chercher le sens là où il ne semblait en demeurer aucun...

Les images du passé ont toujours une teinte particulière. Cette teinte, on la façonne, avec le temps, avec les impressions qu'il en reste, les réparations, les guérisons.

J'ai appris à peindre, à dessiner ces images. À les écrire, en secret, puis en partage. J'apprends encore à en parler lorsque c'est pertinent. Je ne l'apprécie pas nécessairement, mais la promesse de moments légers, de fous rire et d'instants pleinement savourés me permet de croire que c'est une bonne chose.

Toucher la santé. Pardonner. Aimer.

L'année 2020 s'est présentée avec ce cadeau qu'est l'appel au changement. Elle a soufflé sur les bougies de l'introspection. Elle a offert un regard perturbant, mais également propice à grandir. Je n'avais pas anticipé que la santé me filerait entre les doigts. Que la sensation de perte prendrait le dessus. Que je laisserais la fatigue me convaincre que j'en avais assez de lutter. Parallèlement, aujourd'hui, je ne crains plus la mort, mais il m'arrive de craindre la vie, ce que nous choisissons d'en faire. Il me semble y avoir tellement à cultiver, aider, changer, contribuer pour que puisse fleurir, plus amplement, notre humanité.

Je n'ai plus envie de lutter; j'ai envie d'accueillir. En nourrissant la volonté d'aider mes enfants, comme mon prochain, à franchir l'inusité. En nourrissant l'espoir de reprendre le dessus, de corps, d'âme et d'esprit. Pleine. Prête à avancer. En refermant le livre du passé.

À l'aube de cette année 2021, celle que d'aucuns attendent impatiemment, je me penche sur le dixième manuscrit que je viens de compléter. Mon onzième livre. Je n'ai aucune certitude quant à « son chemin de vie », mais je sais qu'il représente un passage. Un collègue coureur écrivait récemment : « C'est l'espoir qui nous garde en vie. » J'y ajouterais la foi; celle que chacun peut illustrer comme étant la sienne, qu'on parle de l'Univers, de nos grandes approches philosophiques, religions ou idéologies quelles qu'elles soient. Du rêve aussi.

L'espoir, la foi et le rêve.

En faire des histoires à raconter. Des livres à partager. Des aventures à vivre, au-dedans comme au-dehors. Trouver la direction qui leur permet de se muer en projets, en objectifs, en plans, en visions. Aider son prochain. Et suivre les tracés pour retrouver la piste de la douceur, du rire, de la bonté. De ce qui, peut-être, s'habille en bonheur, comme si la terre goûtait le ciel.

Comme si le temps n'existait plus que dans les espaces où l'on contemple celui ou celle que l'on est devenu, entouré(e) de tous ceux que l'on croise et qui nous permettent, jour après jour, de devenir une meilleure personne, un être empreint de bonté, de chaleur.

Play the long game — Parce qu'autrefois, je n'avais aucune idée de ce qu'il me faudrait parcourir et franchir pour en arriver à aujourd'hui.

Play the long game — Parce que c'est encore un pas à la fois qu'on peut y arriver.

Play the long game — Parce que je choisis de croire que ces mêmes pas sont voués à créer une oeuvre : le tableau des passages que nous aurons empruntés.

Play the long game — Et vous?

LA VULNÉRABILITÉ

« Et, doucement, j'ai parlé à mon corps en lui
disant : « je veux être ton ami. » Il a pris une longue
respiration et m'a répondu : « c'est ce que j'ai attendu
toute ma vie. »

~ Nayyirah Waheed, The Brave Athlete ~

LA PETITE HISTOIRE

Le septième étage de l'hôpital est l'un de ces endroits que l'on préfère
éviter. Debout, dans l'ascenseur, ma respiration me semble s'éteindre
à chaque palier. Cinq, six, sept... Les deux portes coulissantes
s'ouvrent et le décor métallique fait place à un environnement blanc.
Les murs, les portes, le personnel en sont peints. J'y suis venue, déjà,
pour y rendre visite à ma mère. Aujourd'hui, c'est elle qui me dépose
et me dit aurevoir à cet endroit. On n'y circule pas beaucoup ou, du
moins, pas librement. Quelques patients traversent le couloir et se
rendent au fumoir, déjà ennuagé aux premières heures de la journée. Une infirmière m'accueille, formulaire en main, et me demande
mon âge.

- Vingt ans, j'ai vingt ans.

Je signe au bas du document en fermant les yeux. Mes pensées
tournent en boucle; je revois ma valise, son contenu, mon calendrier alors même que l'on me dirige vers une chambre partagée. En

y entrant, je découvre deux casiers, deux lits, une fenêtre adjacente au lit de ma voisine et un rideau. Notre salle de bain est simple et elle n'offre que peu d'intimité. Toilette, serviette, lumière. Pas de ventilateur. Pas de douche...

On me laisse placer mes effets personnels en m'informant que le médecin, puis la psychologue et enfin une nutritionniste allaient me rencontrer.

Avec la sensation de marcher dans une bulle, j'ouvre mon sac et je dépose ma couverture, multicolore, sur le lit blanc. Le rideau aux anneaux de métal se referme assez facilement, ce qui me donne l'impression de créer une petite frontière entre moi et le ronflement retentissant que produit ma voisine.

Dans la pièce où m'accueille le médecin, j'entends la fin annoncée de mon été avant qu'il n'ait pu être entamé : je n'aurai la permission de sortir qu'au moment où j'aurai gagné suffisamment de poids pour démontrer que je suis en mesure de maintenir des habitudes de vie saines, de m'alimenter convenablement. De cesser de porter cinq chandails quand il fait chaud. Ma mémoire ne retient que l'essentiel : suivre le plan proposé et arriver à manger ce que contient mon cabaret. Je n'ai pas prévu de vêtements légers : j'ai froid. J'ai toujours froid.

Les journées deviennent des semaines. Le pèse-personne, les cabarets, les anti-dépresseurs, l'aspect de la cage vitrée, enfumée et le petit salon défilent entre les rendez-vous. Je discute avec les infirmières de garde et j'observe les autres patients. Ils ont une histoire qui se déroule et qui me surprend. Parfois, j'entends les cris étouffés de celui ou de celle qui se retrouve dans une pièce capitonnée. Parce que le contrôle n'y est plus...

De jour en jour, mes jugements s'effritent et j'apprends à reconnaître l'expérience, la douleur, les trous et les oublis que vivent ceux qui m'entourent. J'ai envie de rentrer à la maison.

J'y mettrai quelques trois mois. Trois mois pendant lesquels je chercherai le sens de ce qui m'arrive. Trois mois pour entrer, à nouveau, à l'Université, cette seule idée me servant autant d'argument que de motivation à retraverser les portes métalliques pour atteindre le rez-de-chaussée. Trois mois, pour les prochaines années...

LE PARALLÈLE

Appliquer le concept de vulnérabilité dans une routine où l'entraînement bat son plein, où l'on souhaite dépasser ses limites et atteindre un ou plusieurs objectifs peut demander réflexion. À prime abord, celui-ci peut sembler hors zone. Comment envisager la vulnérabilité? Courir, comme toute autre activité, implique le passage de moments forts, de moments difficiles et d'autres, encore, où il nous faut revisiter ce que nous avions planifié. Combien de fois ne me suis-je pas laissée surprendre par ce qui émergeait au fil des kilomètres? Même en ayant planifié l'ensemble d'un parcours, d'une sortie, d'une aventure, il existe toujours cette parenthèse qui peut s'ouvrir et nous révéler à nous-mêmes. Cette période où ce laps de temps qui nous confronte à nos extrêmes, à nos éventualités, à ce qui nous habite et qui a peut-être besoin d'être entendu.

Manifester un état qui laisse place à la vulnérabilité demande une présence, une humilité que l'on ne se sent pas toujours prêt(e) à accueillir, du moins consciemment. J'ai cependant la conviction que cela se présente, sans ambiguïté, au moment pertinent. Savoir le reconnaître et en prendre soin est un gage d'apprentissage. Cela contribue à nous construire de manière plus riche. Et nous permet, par conséquent, d'aborder notre parcours avec un regard différent. Le recul me permet d'observer à quel point je craignais la vulnérabilité. En prendre conscience me conduit vers une voie différente, celle, peut-être, où je me sens pleinement moi-même. Ce qui, dans nos cheminements de vie comme dans nos cheminements sportifs, est un essentiel en vue de poursuivre sur la voie de ce qui nous inspire, de ce qui nous anime, de ce que l'on souhaite vivre et partager, de plus en plus, de mieux en mieux, jusqu'au bout du monde.

Billet de blogue

| Printemps Covid — En toutes choses

« Le prix de chaque chose est proportionnel à la portion de vie pour laquelle on l'échange »

~ Henry Thoreau ~

Plusieurs semaines se sont écoulées depuis le changement. Celui où je me suis retrouvée face à la nécessité de m'arrêter, de prendre un temps pour le faire. Prendre le temps d'être chez moi, posée, pour de vrai. Je n'en n'ai pas l'habitude. Il m'est souvent venu à l'idée que j'aurais besoin de deux ou trois journées par vingt-quatre heures pour être en mesure de réaliser tout ce qui me passe par la tête. Le monde évolue à un rythme époustouflant. Peu importe la façon dont j'y réfléchis et dont je les perçois, ces journées continuent de passer. Et ici, juste ici, quelque chose semble avoir ralenti.

Tout d'un coup, les projets que j'aimerais construire et mener à terme, l'idée de pouvoir parler avec tous les gens que j'aimerais apprendre à connaître, de recréer un temps pour voir grandir mes enfants et le million de tâches domestiques qui sont en suspend semblent occuper un espace au calendrier. Tous ces items ne revêtent pas encore un aspect concret, mais j'ai la ferme impression de voir, doucement, s'ancrer les racines de ceux qui comptent. Qui sont garants de la suite, pour moi, pour ma famille, pour les autres, peut-être. Le sommeil ne s'avère pas tout à fait réparateur, mais il peut s'inviter plus facilement ou du moins, avoir une latitude que je ne lui accordais pas auparavant. Je crois encore que le temps passe trop vite pour lui abandonner des heures à son profit, mais je sais bien que le corps en bénéficie. Alors je cède. Avec un peu moins de résistance...

Les enfants considèrent que les journées n'ont rien de bien palpitant. Surtout en comparaison de ces semaines, de ces mois et de ces années où l'on se bousculaient les uns les autres, d'heure en heure, de jour en jour, courant après les minutes. Le quotidien, aujourd'hui, paraît quelque peu abstrait. Et si c'était, au contraire, plutôt le signe que l'on s'approche de ce qui aurait avantage à être? De ce qu'on veut vraiment? De ce rythme qui est le nôtre et qui peut donner naissance à de réelles opportunités? Des occasions de grandir, en conscience, avec toute la passion et tout l'amour qui nous habitent pour nous mener exactement sur la bonne piste?

De jour en jour, les réactions varient. Surcharges, besoin d'air, ennui et anxiété font parfois partie du tableau. On fait du camping dans la maisonnette, on regarde le ciel comme si c'était l'écran géant le plus magique qui soit. Et pour cause : la nature, les montagnes, les cours d'eau et la faune y évoluant demeurent. Ils n'auront de cesse de respirer. On peut les altérer. On peut continuer de nuire. Et inversement. C'est ce que je choisis de retenir. Parce qu'il y a une énorme force, une résilience hors du commun et un souffle qui nous donne, à nous, la vie, au coeur même de cette nature.

Il arrive aussi que j'aie la sensation que mon cerveau bouillonne. Que l'information à gérer, l'ensemble de ce qui devrait être mieux organisé ou préparé aient un goût étrange. J'emprunte alors à la respiration son passage pour m'aider à lâcher prise. J'envisage la routine, l'entraînement, la vie familiale, les horizons professionnels autrement. Même si j'ai de bonnes habitudes, même si je prends soin d'accorder, chaque jour, du temps à ce qui me nourrit, à ce que je veux faire fleurir, il m'apparaît clair que j'ai encore beaucoup de chemin à faire. Que le temps est peut-être venu de prendre le doute par la main pour avancer avec lui au lieu de lui confier la mission de passer au-devant.

À la vie comme à la course, je continue donc d'y aller un pas à la fois. Parfois le rythme est lent. Parfois il devient rapide. Courte ou longue distance, intervalles, de notions en sensations, d'expérience en expérience. Et je fais le parallèle avec ces instants d'hier et de demain, alors que je me retrouve dehors, quand je cours, lorsque j'aurai à poser le pied sur une ligne de départ (officielle ou officieuse) et que je ferai face à ce qui m'effraie. Là, il se produira quelque chose : je nourrirai des éléments qui possèdent, en ce qui me concerne, un caractère fondamental : un besoin de connexion, une faim de nature, d'aventure. Ils alimentent un plaisir certain à respirer, simplement, un instant à la fois. C'est ce qui me permettra encore de continuer d'avancer et de ressentir la gratitude que j'ai pour ce que je considère être un immense cadeau.

Dans l'hier et pour demain, je garderai en mémoire ces pas qui me rappellent que mes enfants, à l'instar de tous ceux qui suivront, créeront un chemin, le leur, et que c'est ce qui nous rendra aussi semblables que distincts. Qu'il y a autant de possibles que de coeurs qui battent et qu'il me fera toujours grand bien de permettre au mien d'y participer, à cette foule de rythmes, avec confiance. J'aimerais que tous sachent que, quoi qu'on vive, on peut le traverser. Qu'il y a toujours une façon d'y faire face, d'aller de l'avant, d'y trouver une forme de victoire. Pour soi. Qu'on fait parfois des trucs un peu fous ou carrément insensés, qu'il arrive qu'on se sente fatigués, épuisés, à bout, peut-être, mais que cela fait partie du jeu.

L'aventure, c'est la vie. Remplie d'imprévus, remplie de surprises, de défis. On peut se sentir plus ou moins à l'aise avec ceux-ci, mais chaque fois qu'on en rencontre, chaque fois qu'on s'investi, qu'on se dépasse, chacun à sa mesure, l'incroyable prend forme. Souvent bien au-delà de ce qu'on avait pu concevoir, ouvrant la porte à de nouvelles possibilités, de nouvelles opportunités, à ces champs qu'on n'avait peut-être pas encore envisagés.

Quelques soient nos intérêts et nos passions, on fera, en cours de route, la connaissance de ce curieux et de ce savant mélange qui est le nôtre et que personne d'autre ne pourra déterminer pour nous. C'est un secret qui se révèle, un pas, un mot, une image à la fois... ou autrement.

Et cela demeure infiniment précieux. Vrai. Intemporel. Maintenant. Pour hier et pour demain. Toujours

CONCLUSION

La course à pied est un esprit, un mode de vie. Plus qu'une destination, elle incarne cette direction qui insuffle, jour après jour, un sens à chacune des expériences déposées au coeur de nos vies.

Trouver sa direction, entreprendre un parcours, qu'il soit de petite ou de longue distance, offre son lot d'apprentissages, lesquels auront nécessairement un impact. Celui peut s'étendre à tous les vents. Que l'on s'en aperçoive sur le fait ou qu'on en décode les implications au fil du temps, on en retire toujours quelque chose. Parce qu'il n'y a aucune aventure qui soit identique à une autre. Parce que chaque coureur, chaque coureuse, habite sa réalité, son espace, son défi à sa façon.

Les aspirations, les rêves, tout comme les objectifs que l'on dessine, finissent par se tisser pour composer un tableau que l'on peut observer, que l'on gagne à partager et à propos duquel il nous appartient de communiquer pour que nos pas puissent voyager davantage. Ce qui se trame dans l'action, qui crée son empreinte dans nos corps ainsi que dans nos esprits, recèle une richesse hors du commun parce qu'en alliant la technique, l'expérience, le ressenti et l'imprévisible, on nourrit la flamme d'une vie : la nôtre. Et je me plais à croire que cette flamme brille assez pour en inspirer d'autres à briller également, à rayonner. À placer sur le trajet du monde un itinéraire qui peut nous faire rêver, le temps d'un parcours. Le temps d'une aventure. J'ose croire que ces foulées, répétées jour après jour, servent à poser les bases d'une nouvelle histoire. Pour moi, pour mes enfants, pour ces gens qui gravitent tout autour et surtout, pour tous ceux et celles qui en sentiront l'appel.

Parce que la vie est bien trop courte pour ne pas saisir l'occasion et faire de la course ce moyen de transformation, de dépassement, d'épanouissement qui nous permet de reconnaître celui ou celle que nous sommes, qui en fait un art et qui nous relie, de partout, les uns aux autres.

« On ne renaît pas d'un seul bloc, je pense, mais davantage par morceaux. »

~ Christine Michaud ~

L'EXTRA

« Mais les motivations profondes qui nous poussent
à atteindre de grands objectifs sont souvent
imperceptibles, même par nous-mêmes, au moment
du départ. Car c'est en route vers l'accomplissement
de sa volonté que l'on explore et découvre des aspects
de soi-même jusque-là insoupçonnés, et qui sont mis à
l'épreuve autant en relation avec soi-même qu'avec les
autres. C'est le chemin qui mène au sommet qui nous
permet de nous élever en tant qu'humains. Pour que
la victoire existe, il faut que la possibilité de perdre la
partie soit présente. »

~ Mylène Paquette ~

À toutes les personnes qui en ressentent l'élan : puissiez-vous vous
octroyer le bonheur de continuer d'avancer pour que des petites
victoires, puis des grandes se dressent sur votre parcours. Parce
qu'il y a toujours, quelque part, cette lumière à laquelle on aspire.
Ce bonheur dont on rêve et qui semble peut-être nous échapper
lorsque l'effort, l'émotion et la douleur soufflent. Parce que l'été
reviendra toujours.

Isabelle

REMERCIEMENTS

Un merci aux ailes d'anges à mes deux filles, Arielle et Izna, pour leur présence, pour ces mille et unes opportunités de grandir et de constater que la vie est un joyau, dans les moments difficiles comme au coeur de ceux qui nous font rire. Merci de m'avoir rappelée à la vie par le simple fait de vous y être installées.

Merci à Chantale, mon amie cosmique originaire, comme moi, de la Côte nord, confidente, coach, naturopathe d'exception.

Merci à tous les coureurs que j'ai eu le privilège de croiser. À ceux et celles que je croiserai demain. Vous portez une source d'inspiration par le seul fait de vous mouvoir, à votre façon.

Merci à Daniel Lequin pour le témoignage de vies qui nous touchent et pour avoir aussi généreusement dépeint une partie de mon parcours.

Merci à Christian Vachon, à Jean Rochette, à Jonathan, qui ont contribué à m'indiquer que la vie pouvait respirer au pouls de la passion et de l'engagement.

Merci à toute l'équipe d'Endurance Aventure, ces gens un peu plus fous que la moyenne, pour le soutien et pour les projets qui nous permettent de nous dépasser.

Merci à Vanessa Bell, qui plonge avec les mots, toujours, pour nous les faire redécouvrir.

Merci à Jean-Guy Rancourt, à Jean-Pierre Lemelin, à Maryse Murray et Mary-Lou Butterfield pour une confiance contagieuse, mais aussi vibrante.

Merci à l'équipe de la Clinique du Coureur, laquelle constitue une famille en soi, une porte ouverte sur le monde, pour le vivre à pied et à plume.

Merci à ceux qui m'ont offert leur soutien, leur présence, leurs conseils au fil des années, à Jean-Paul, à Diane.

Merci à Justin Perreault et Dominic Dubuc, aux oiseaux et aux abeilles pour leur soutien sans failles et pour m'avoir permis de me rappeler que nos ailes existent afin qu'on les déploie.

Un merci tout spécial à ceux et à celles qui me remuent, jour après jour. Aux petits et aux grands, aux élèves, aux parents, aux personnalités publiques, aux personnalités discrètes qui ont un impact, de près ou de loin.

BIBLIOGRAPHIE, WEBOGRAPHIE

- Brouillard, Gaétan. **La douleur repensée**, Les Éditions de l'Homme, Montréal, 2017, 242 pages.

- Comeau, Christine. Extrait du compte Instagram _cigale_

- Côté, Caroline. **Dépasser ses limites**, 6 récits d'aventures, Les Éditions Goélette, Canada, 159 pages, 2020

- Dubois, Blaise et Berg, Frédérick. **La Clinique du Coureur, la santé par la course à pied**, Éditions Mons, Angoulême, 2019, 495 pages.

- Cyrulnik, Boris. **L'ensorcellement du monde**, Éditions Odile Jacob, France, 1997, 312 pages.

- Cyrulnik, Boris. **De chair et d'âme**, Éditions Odile Jacob, France, 2007, 448 pages.

- Lenoir, Frédéric. **L'Âme du monde**, Les Éditions retrouvées, France, 2019, 262 pages.

- Lenoir, Frédéric. **La puissance de la joie**, Éditions Fayard, France, 2016, 200 pages.

- Lenoir, Frédéric. **Petit traité de la vie intérieure**, Pocket Éditions, Paris, 2012, 178 pages.

- Marquis, Sarah. **Sauvage par nature**, Éditions Michel Lafon, France, 2014, 261 pages.

- Marquis, Sarah. **Déserts d'altitude**, Éditions Michel Lafon, France, 2015, 236 pages.

- Michaud, Christine. **Une irrésistible envie de fleurir**, Éditions Edito, Québec, 2018, 312 pages.

- Michaud, Christine. **Le Miracle : Que ferait l'amour?** Éditions Un monde différent, Brossard, 2015, 160 pages.

- Monbourquette, Jean. **À chacun sa mission**, Éditions Novalis, Ottawa, 2006, 211 pages.

- Normandin Roberge, Mélissa. Extrait du compte Instagram melissanormandinroberge

- Paquette, Mylène. Espaces.ca, chroniques, 2018

- Patterson, Lesley. **The Brave Athlete,** Calm the F* Down and Rise to the Occasion, Velopress Editor, USA, 2017, 342 pages.

- Shetty, Jay. **Think Like a Monk**, Simon and Schuster Editors, New York, 2020, 328 pages.

- Tesson, Sylvain. **Dans les forêts de Sibérie**, Éditions Gallimard, France, 2011, 266 pages.

- Williams, Pat et Ruth. **Femmes d'influence**, Éditions ADA, Varennes, 2006, 448 pages.

Made in the USA
Monee, IL
02 July 2021